00歳まで出会える人生

賢治

Kenji Miwa

はじめに

私がカップリングを仕事のひとつとして取り組みはじめて、間もなく四半世紀になります。

大学生時代に遊び感覚で起業し、イベントを中心に出会いを提供してきたのが弊社のスタートアップです。

90年代後半の当時は、「.iモード」がスタートしたばかりの頃で、SNSもまだ生まれていませんでした。パソコンユーザーの9割は男性で、ネット上で異性と出会える掲示板などでは、ごくわずかな存在であった女性は超売り手市場。女性は引く手数多なのに、男性は存在すら気づいてもらえない。そんな状況でした。

だから、その時代の出会いの主戦場はリアルが基本。職場や学校といった日常生活での出会いを得られなければ、ナンパや合コン、週末のパーティ、もしくはテレクラや2ショットダイヤルなどで求めるのが王道でした。

しかし、時代は変わり、出会い方も大きく変わっていきました。インターネットが私たちの生活の中で欠かせないものとなり、個人同士がつながれるデバイスを誰もが持つようになり、同時にSNSやアプリなど、インターネット上の出会える場所もどんどんと現れては消えていく――。

ツールが変わると、出会い方も大きく変わっていきました。

変わったのは出会いだけではありません。男女関係、つまりパートナーシップも変わっていきました。

時代によって、社会通念や経済状況が変わると男女の関係も変わるもの。

恋人同士、夫婦、家族という存在は不変的なものだと考えている方もいるかもしれませんが、実際はそうではありません。流動的に変化していくものなのです。

例えば、私の両親の時代では、結婚したら「添い遂げる」ことが理想とされ、離婚は非常に悪いこととして捉えられていました。ですが、現在ではどうでしょう？ 3組に1組が離婚していると言われています。

ミスマッチングが起きた時には、離婚を選び、新しい人生を望むカップルはそれほど珍しいものではないし、否定的にも促えられません。そのため、再婚やステップファミリーも珍しいものではなくなりました。

また、長寿社会となり、夫婦として過ごす時間も長くなりました。死が2人を別つまで男と女として愛しあうのは理想かもしれませんが、再構築をしようと努力しても結果が得られないことがあるのも事実です。はたまた、子育てが終了した後、お互いの歩みたい人生が大きく異なることもあるでしょう。

熟年世代で定年後のセカンドライフを新しいパートナーとやり直したいと考えた時に、家族としての形が変わるという意味を込めた「卒婚」などの言葉も生まれています。逆に、夫婦という関係性自体は保ちながら、男女関係のみを見直そうと、セカンドマリッジ、オープンマリッジなどを選ぶ人も出てきています。

もちろん、セクシャルマイノリティの人たちもいて、そういったカップルも徐々に法律婚に近い形のパートナーシップを結べる自治体も現れてきている現代社会。まさに恋人関係も夫婦関係も多様化を実現しつつあります。

私が生まれた昭和では、人生における男女の在り方は画一的でした。まずは結婚し、家族を持つこと。それは人生において、進学や就職のように抗いづらいものだったに違いありません。

しかし、今では個人がどんな人生を歩みたいかということがまず先にあり、それに加えてどうパートナーシップを築いていくかという形に変わってきています。多様な人生に合わせた形で、恋人や夫婦の形があるといった按配です。

この40年で、男女の関係性は大きく変わったと仕事を通して実感しています。

けれども、今後、ますます変化していくに違いありません。その変化を主導するものにインターネットの進化があります。「WEB3」の時代がやってきて、メタバース空間なども私たちの生活の中に入り込んでいきます。国境はますます失われ、貨幣もビットコインなどの仮想通貨が入り込んでいき、各国の通貨の壁はなくなっていきます。

そんな世の中になったとき、出会いは、そしてパートナーシップはどう変化していくのでしょうか。

目次

第4章 不倫から卒婚まで――新しい既婚者の出会い方

カバー・本文デザイン
小田光美（OFFICE MAPLE）

構成・企画協力
オフィスキング（中山美里　亀井健）　川合拓朗

編集協力
ライチブックス

写真提供
ニワトコ／ピクスタ

第1章

マッチングアプリが変えた男女の出会い

恋愛や結婚を必要としなくなった現代人

2022年5月、米国テスラ社のCEOイーロン・マスク氏がツイッター上で衝撃的な発言をしました。

〈出生率が死亡率を超えることがない限り、日本はいずれ消滅するだろう〉

2021年の出生率は6年連続で低下しており1・30。出生数も1899年の統計開始以降過去最少で81万1604人です。厚生労働省は15～49歳の女性自体の人口がすでに少子化により減少していること、そして20代の出生率低下を少子化の理由に挙げます。

一方で、2021年の死者数は145万2289人と戦後最多でした。単純に、年間約64万人の日本人が減少しつつあるのです。これは千葉県船橋市の人口と近い――。船橋市に住む人全員がごそっと消滅しているのだと考えると衝撃的です。

日本人は、恋愛を、結婚をしなくなったのでしょうか。

いや、そうではありません。

……と書きたいところですが、実際、そうなのだと思います。

男女関係という点において、彼氏と彼女として付き合うことや結婚だけにプライオリティがある人生ではなくなってきているのです。

大正時代に英文学者・文芸評論家の厨川白村が『近代の恋愛観』を上梓して以降、恋愛結婚こそが正しい結婚だという風潮ができあがったとされていますが、実際に日本で恋愛結婚が主流となったのは１９７０年代のことです。

つまり、それまではお見合いが主流で、結婚の目的は「家同士の結びつき」「家の存続」だったのです。人生における個人の精神的な充足を求めるのではなく、家族が経済的に安定することが最優先とされていたのです。その時代には、男女の愛情によって結びつく「恋愛」は憧れでした。

ですが、みるみるうちに恋愛結婚が増え始め、１９６５年頃には恋愛結婚が見合い結婚を上回り、私が生まれた１９８１年には、大正時代に憧れだった「恋愛結婚」は、誰もが手に入れられる普通のカップリングになっていました。

そして、２０００年を過ぎると9割近くが恋愛結婚を選び、お見合いは5%というように、「恋愛」はごくありふれたものになっていきました（14ページ、図A参照）。

人は、希少なものに憧れ、そして手に入れたいと願うものです。ありふれたものに対しては、価値を見出しにくいともいえるでしょう。

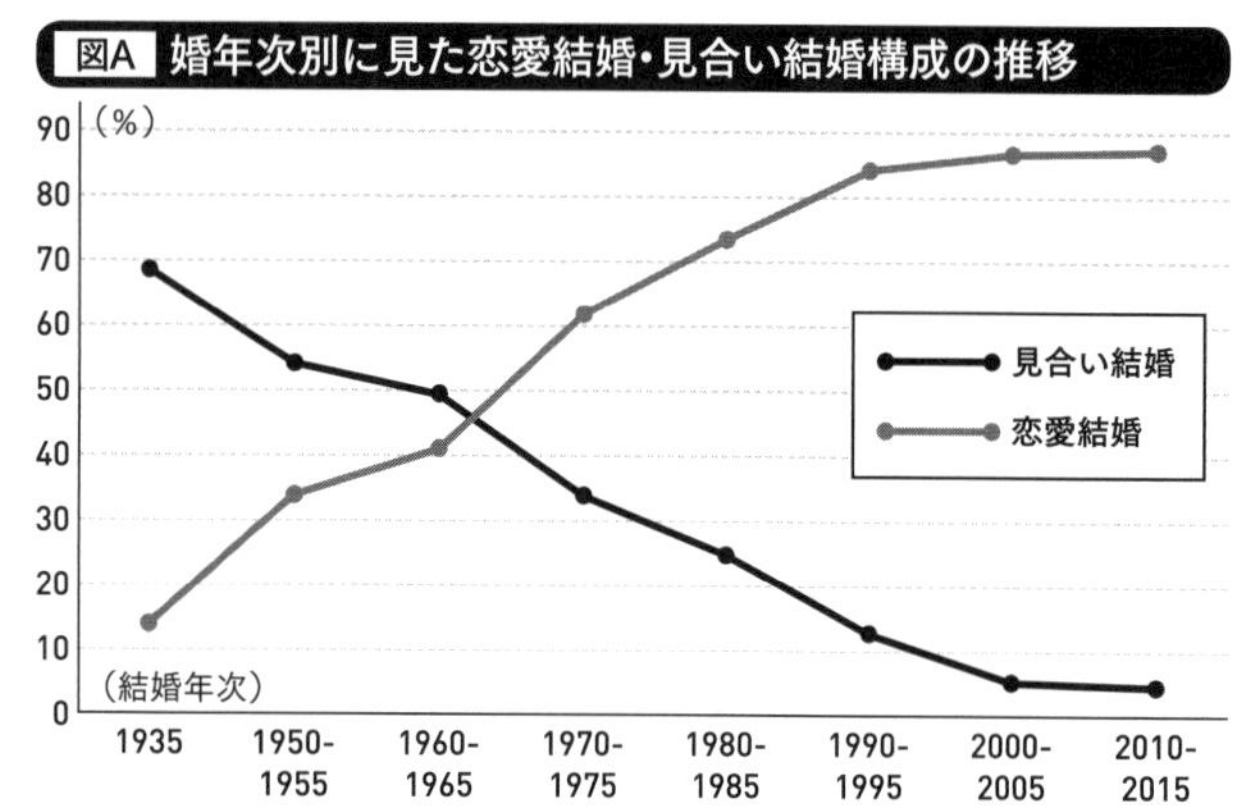

出典:「第15回出生動向基本調査(結婚と出産に関する全国調査)」(国立社会保障・人口問題研究所)

つまり、「恋愛」までもが、すぐ手に入るもので、特別欲しいものではなくなっていったのです。ストレートに言えば、「この程度の異性なら、付き合うのも面倒だな。見た目が良くて、人に自慢できる。そんな異性だったら付き合ったり、結婚したいんだけどな」というように。

そこで、もはや恋愛がありふれてしまった昭和末期のバブルの時代にもてはやされたのが「3高」です。

「高学歴」「高収入」「高身長」が揃った男性がいいと、女性たちはそんな男たちに群がりました。「テニス部出身の慶應大卒の商社マン」「スキーが得意な早大卒の広告代理店の彼」といった具合です。穏やかで安定した生活を送れる地方公務員などは今でいう非モテジャンルに分類されていました。

当時、出会いの場は、基本的には生活環境の延長線上にありました。大学、職場、サークル、合コンなど。「3高」というわかりやすい条件で、職場の上司や同僚、友人などは異性を紹介することもできました。「3高だから、安心でしょ」と。

一方、素人女性と大人の関係を結びたい場合の出会いはほぼテレクラ一択。そこで見つけられなければ、キャバレーやクラブ、風俗といった〝玄人女性〟が相手になります。出会いアプリやSNSなども当然ないから出会いの数自体も少なく、限られた交友関係やサービスの中から「条件」を基準に相手を選ぶしかなかったともいえるでしょう。

ですが、時代は変わっていきます。

そもそも3高男は、いわば俺様男です。お見合い結婚による家父長制を彷彿とさせる男尊女卑的な側面を持っています。

「家計にゆとりがあっても幸せじゃない」と感じた女性たちは、平成になると「3優」が良いと言い始めたのです。

・育児や家事をしてくれる＝「家族に優しい」
・浮気と無縁でコミュニケーション能力に長けている＝「（女性は）妻だけに優しい」
・仕事はしっかりやって安定した収入で節約も得意＝「家計に優しい」

この3つの「優しい」を持つ男性が、「3優男」です。

彼らが求められた理由の裏には、日本が豊かになっていくと同時に高額だった家電などが手の届きやすい価格帯になったことも影響しているのでしょう。どの家庭にも電子レンジや炊飯器、全自動洗濯機などの家電が当たり前のように備え付けられ、「高収入男性だから得られるもの」は都心に近い家と高級車程度。家庭を快適にするものは地方公務員でも中小企業勤務のサラリーマンでも、普通に手に入るものになりました。

同時に社会進出する女性も増え、2人で働けば1馬力の高収入男性以上の家計を実現できると夫婦が気づいていった過程でもあります。食洗機や衣類乾燥機という時短家電も現れて、「2人で仕事も家事もやって、家事は最低限に」というスタンスが理想とされるようになると、家庭は「家族の愛情を確かめ合う憩いの場」となったのです。

また、携帯電話を持つことが当たり前になり、個人同士が直でつながれる時代に突入しました。ダイヤルQ2の2ショットチャンネルサービスを使ってポケベルで「109 88951（イチマルキュー　ハヤクコイ）」などと、なんとかやりとりしていたところから、一気に「109前ね」「OK」と確実に個人同士でやりとりができるようになっていったのです。

この時代では、iモードの出会い系サイト、パソコンでは出会い系の掲示板などが重宝されました。

つまり、家庭では3優の夫の顔を持つ男性が、裏では援助交際に明け暮れている……なんてことも可能になったのです。

裏でアブノーマルな性的欲求を満たし、妻とは仲が良いけれどセックスレス……そんな関係も生まれると、「妻だけED」なんていう言葉もできて、ひとつの社会問題ともなりました。

そんな、快適な家庭で、優しい両親の元育った令和の子どもたちは、次第にこのように考えるようになっていきます。

「今の生活をより楽しくしてくれるなら、恋愛したり、結婚したりしたいけど、恋人がいなくても十分楽しいし。家も快適だし。恋人ができたところで趣味などを制限されるなら、特定のパートナーを持たないほうが気楽で良いな」と。

令和時代の理想の男性像は「3共」

そんな令和の時代に求められる理想の異性は、「3共」を実現できる相手になるだろうと予想します。

「3共」とは、「共感」「共有」「共同」です。

感情や思いを共にし、体験を共にし、そして人生哲学や思想を同じくした2人が共に人生を築いていく。そんなパートナーシップが理想とされていくでしょう。

昭和の時代はネットがなく、出会いの場といえばリアルのみ。いわゆる〝家電（イエデン）〟しかなく、恋人同士がコミュニケーションを取ろうと思ったら、顔を突き合わせることになり、自ずと孤独感も生まれにくいという環境がありました。

しかし平成に入ると、テレビゲームやネット環境が、個室に整備されるようになり1人でも時間を楽しく過ごせるようになっていきました。反面、孤独感を生んだり、引きこもりの原因にもつながっていきました。

そこに現れたのが掲示板サイトやSNSです。特にSNSではアカウントを作って活動を始めると、定期的なコミュニケーションを断続的に続けられます。たとえ、ハンドルネームであっても、相手のことやその人間関係をある程度わかるようになるため、孤独感を解消することができました。

この時の「孤独感の解消」は、顔を突き合わせたコミュニケーションを土台とする昭和と大きく異なります。昭和時代は、「生活圏内」が基本。少し遠くても、会社の同僚の紹介や、大学時代の友人同士つながりなど、生活の沿線上に出会いがありました。その場合、学歴、生活レベルなどがあらかじめふるいわけられていて、その上で、見た目がタイプであるとか、なんとなく気が合うというような部分で惹かれ合うものでした。つまり、「生活」という部分がベースに出会いがあったといえるでしょう。

しかし、ネット上でのコミュニケーションは、趣味や思想、政治的イデオロギー、人生哲学が近い人たちとゆるくつながれるのが大きな特徴です。つまり、人間性や心、気持ちといった部分をベースにした関係を構築できるのです。これは、「学校」「会社」「地域」という枠組みで構築できる人間関係とは大きく異なります。全く会ったことがなくても、生活では全く接点がなくても、「気持ちが通じあえる」という現象が起こるようになってきたのです。この時代の出会いは、「人間性」がベースにあるといえます。

これからの時代はWEB3となり、ネット環境はさらに進んでいくことは必然です。つまり、これからは、ますます「学校」「会社」「地域」という枠組みから離れたところで、人間同士がつながりあっていくと考えられます。

すでに始まっているのが、仮想空間（メタバース空間）上で、アバター同士が国境を越えて出会い、そして関係を築く、〝メタ恋〟です。さらには仮想空間上で土地や家などを購入して生活を共にする、いわゆる〝メタ婚〟さえも登場しています。アバターで関係を作る時代では、もはや外見や性別すら「パートナーとなるための判断基準」にならないかもしれません。「精神」のみが関係づくりのベースとなっていくのです。

メタバース上での恋愛がもうすぐ始まる

ここで2021年に新しいカンパニーブランド「Ｍｅｔａ」を発表し、社名も同じものに変更したフェイスブック社の取り組みについて紹介したいと思います。

同社はもともと、「Making the world more open and connected（世界をよりオープン

にして、つなげること)」をミッションとして掲げていましたが、2017年には「Give people the power to build community and bring the world closer together（人々にコミュニティ構築の力を提供して、世界のつながりを密にすること)」を新たなミッションとして掲げています。

その2年後の2019年には、「フェイスブック・デーティング（Facebook Dating)」というマッチングサービスの提供を開始。ブラジル、カナダ、アメリカに続き、2020年にはヨーロッパでもこのサービスを開始しました。

これは、ユーザーのフェイスブック上での好み、興味、活動などをもとにAIで解析をし、導き出されたユーザーを、フェイスブックがオススメしてくれるという機能です。「友達」としてつながっている相手が「オススメ」として紹介されることはありません。フェイスブック・デーティングの利用登録をして、相手が紹介されると、ユーザーは、その相手に相手に「いいね」やメッセージを送ることができるだけでなく、特に心惹かれた相手に意思表示を送ることができます。

創業者兼CEOであるマーク・ザッカーバーグは、フェイスブック・デーティングとは「人とつながる」ためだけではなく、「有意義かつ長期的な関係性」を築くためのものだと説明しています。

ちなみに、フェイスブックのメインサービスは13歳以上から利用できますが、フェイスブック・デーティングに関しては18歳以上としています。また、「独身」と登録していない人が利用できるのも大きな特徴でしょう。

フェイスブックのプロフィール登録欄では、独身、既婚といった関係のほか、シビル・ユニオン（法的に承認されたパートナーシップ関係）やドメスティック・パートナー（同棲カップル）のほか、複雑な関係という項目を選ぶことができ、パートナーとの関係について、自由な選択を尊重していることがわかります。

フェイスブック・デーティングの中には、「シークレット・クラッシュ（片想い）」機能というものがありますが、これはユーザーが、好意を抱いている友だちを9人まで選び、もし両想いなら通知が届くというサービスです。フェイスブックがオススメしてくれる相手だけでなく、自ら選ぶこともできるというわけです。これはなかなか自由度が高く、使い勝手の良いサービスではないでしょうか。

このようなマッチングサービスを開始した2年後にMｅｔａがローンチしました。メタバース空間にアクセスするための多目的なハブに対する初期構想として、「Horizon

Home」というものがありますが、これは友達や恋人とメタバース空間で一緒に動画を見たり、ゲームの世界に飛び込んだりできるサービスです。

日本でも、スマホやPC、VR機器などの様々なデバイスからVR空間に集って遊んだり、様々なエンタテインメントコンテンツを楽しめる「クラスター」や「VARK」などのサービスの提供が始まっています。

インターネット上で出会い、インターネット上で交流を深めていくということの流れはますます進んでいくでしょう。つまり、インターネット上で出会い、そしてリアルに会って交流を深めていくのは、徐々に過去になっていく……というわけです。

しかし、ここで疑問が起こります。

インターネット上で会話をして、精神的なつながりを深めていくことはできても、肉体的なつながりはどうすればいいのか？　と。

人間にとって恋愛の根本にある性欲は本能に根ざした欲望で、失われることはない非常に強い欲望です。この性欲が満たされないことには、渇望はどうしても残るでしょう。

この時代の性欲の解消はいくつかの方法が取られるだろうと予想します。

まずひとつめが、インターネット上で出会った精神的につながったパートナーと肉体的にもつながる方法です。

それはオンライン上で言葉のやり取りをしながら、遠隔でラブグッズを使ってセックスに臨むという方法がまず考えられます。これについては、すでに専用のグッズが発売されています。

通信環境が安定していないとストレスがあるなど、まだまだ課題が残っていますが、相互にコミュニケーションをとりながら、性感を得られる方法は、リアルでの触れ合いにかなり近づけるものかもしれません。

ただ単純に〝快感〟という側面だけで捉えると、もしかしたら、パートナーとの性行為よりも気持ちいいと感じることもあるかもしれません。ですが、人肌の暖かさや柔らかさを感じる、パートナーの匂いを感じるなどの生々しさが得られないという面では、寂しさを感じる人もいるに違いありません。

おそらく、テクノロジーの開発により、リアルとバーチャル空間上のギャップは徐々に埋められていくのでしょう。ただ、現時点ではバーチャルでは得られないリアルの良さというものが少なからずあります。

そこで、２つめの方法が考えられます。

それは、インターネット上で出会ったパートナーとリアルで出会い、そして、現実世界でも関係を持つという方法です。しかし、これにはリスクもあります。それは、インターネット上の姿と、現実の姿が異なるという点で起こります。相手が期待していたような外見ではなかった場合、どう感じるでしょうか。

もちろん逆もありえます。そう、相手が、自分のことを見てガッカリするという可能性も……。

このようなリスクを避けるため、3つめの方法を検討することになります。それは、仮想空間上で特定の人とパートナーシップを築き上げると同時に、リアルでは風俗やパパ活といったお金を介在させる関係を持つということです。

いずれも一長一短あるでしょうが、リアルで恋人を作っても、結婚生活を送っても、何かしらの不満は生まれることを考えると、すべての欲求がパーフェクトに満たされることこそ、もしかしたら非現実的なことなのかもしれません。

いかにして出会い、いかにして心身ともに満たされるか。

これは未来永劫解決しない難問なのかもしれませんが、その様々な解決方法も本書では紹介しています。2章以降をじっくりお読みください。

令和以降の時代では再び「3高」がもてはやされる？

では、令和以降ではどのような時代がやってくるかということについて軽く触れてみます。これについては、再び「3高」がもてはやされるのではないかと考えています。

しかし、これはバブル末期に求められたような「高学歴」「高収入」「高身長」がリバイバルするというわけではありません。

新たな「3高」という価値観が出現すると考えています。

テクノロジーの進化とともに、世界はより民主化、より自由化への方向へと進んでいきます。さらにいえば、民意が世界を作り上げていく中では、国家という垣根さえなくなっていくのではないでしょうか。つまり、民意が似通った人たちが集まって小さな集合体を作り、そこに小さな国家のようなものが出来上がっていくというイメージです。

就職氷河期世代とも呼ばれる団塊ジュニア以降、格差社会というものが日本にも定着しています。バブル世代以上では、社会人のうちに資産をある程度積み上げることができ、安定したレベルで生活を送ることができました。しかし、それ以下の世代では誰もが資産を積み重ねることができる時代ではなくなり、一部の勝ち組とその他大勢という形で社会が分断されました。

勝ち組になれなかった人たちは、金銭的な価値以外の部分に、人生の価値を求めていったのです。その流れはさらに加速していくでしょう。

つまり、豊かさの価値が今後は異なっていくのです。だから「3高」といっても、かつてのように「収入」や「学歴」のような部分で価値を決めるものではなくなっていきます。

ただし、「新しい豊かさ」がある暮らしを求めて、強い者のところに人が集まるという歴史は、再度、繰り返されるのではと考えます。

次の時代の「3高」は、「コミュニケーション能力が高い」「クリエイティブ力が高い」「資産を生んだり増やす能力が高い」という能力の高さが価値とされると考えています。

この3つの力の高さは、現実空間ではなく、インターネット上で主に発揮されていくでしょう。

コミュニケーション能力に関していえば、対面で話す力だけではなく、オンラインのチャットなど文字で交わす能力も加えられます。また、国境や言語の壁を超えるため、宗教や政治的思想といったその人を形づくる上で重要かつ複雑な背景の中から、共有できる部分を探していけるような知識と洞察力が必要とされます。

さらには、ブロックチェーン技術により、相手の経済力や趣味趣向が履歴で判断できるようになるため、出会いやすさについては次第に合理性が増していくでしょう。

そして、様々な背景を持つ人たちが集うインターネットの空間上で、コミュニティを形成していけるような力も求めるようになります。

このような力を持つ人が、モテる対象となっていくというわけです。

クリエイティブ力に関していえば、アバターを作る能力がまずあげられるでしょう。アバターのファッションを含む外見は、自分はどんな人であるかを伝える手段です。単にイケメンであるとかそういったことが、モテにつながるわけではありません。また、メタバース上に建てる家などもクリエイティブ力が試されるところでしょう。

最後の「資産を生んだり増やす力」。これこそが次の時代で最もモテ力を左右するものだと考えています。

これからは、円やドルといった国の通貨だけでなく、暗号通貨なども資産としてカウントされていくようになっていきます。多様な通貨が飛び交う中では、稼ぎ方も変わっていきます。有名企業に勤めて、そこから高いお給料をもらうというようなスタイルがかっこいいとされる価値観は次第に廃れていくでしょう。

今後は、自分の能力を活かしてプロジェクトごとにつながり、そこで収益をあげ、それを分配するような仕組みがますます整っていきます。それに従って、稼ぎ方も得られる資産も様々になっていくというわけです。

資産の築き方も、変わっていきます。

例えば、住宅ひとつ取っても、ただ、自分が住む国の住む街に、土地を買って建物を建てるというのではなく、メタバース空間に土地を買って建物を建てるという方法も出てきます。その購入したメタバース上の不動産の売り買いをして、暗号資産を増やしていくという稼ぎ方も考えられるという具合です。

リアルに生活する場所ではない空間で、どのように稼いでいけるか、どのように資産を蓄えていけるかという能力がモテにつながっていくというわけです。

このように時代は刻一刻と変化していきますが、どの時代でもモテる男女像から外れてしまった人たちはどうしても出てくるため、その救済措置が必要となります。

ここからはひとつの救済措置である〝金銭を介した関係〟について解説してみたいと

思います。

コロナ禍で激減した新しい出会い

最初の緊急事態宣言が発令されたのは2020年4月7日のことです。

それに先駆けて2020年の1月から次第に人々は外出を控えるようになり、2020年3月になる頃には街は閑散として、婚活パーティや街コンなども自主的に控えるようになっていました。

その後、オンラインによるお見合いや飲み会なども出てきましたが、盛り上がったかといえば、そうでもないというのが実際のところです。

一方で非常に人気となったのが、有料のライブチャットや出会い系のアプリ、SNSです。

金銭を介在させる関係については、なぜか、このコロナ禍の時期に盛り上がったのです。その理由を、ジャーナリストに聞いてみたところ、こんな答えが返ってきました。

「おそらく『一時的に寂しさを埋めたい』という部分が大きいのではないかな。恋愛や結婚という関係性を作ることのメリットって、お金を払わずに性行為ができることでしょう？　生身の女性と恋愛できないのだったら、多少のお金を払っても見た目が良い女性、タイプの女性、Ｈな女性と遊びたいじゃない？　それって男の本音でしょう。恋活や婚活ができないなら、金でいい女と遊びたいという男の本音が噴出したのでは？」

なるほど。確かにそれも一理あるのかもしれません。またそのジャーナリストに言わせると、すでに人間関係のアウトソーシング化も進んでいるのではないかということでした。

一体どういうことなのでしょうか。

「例えば、結婚生活をしていると、どうしても結婚年数の経過とともに恋愛感情やセックス、ときには愛情や信頼まで失われていくでしょ？　だったら離婚すればいい……なんていう人もいるかもしれない。だけど、実際のところ、子どもがいたり、親の介護があったり、仕事上のこととかいろんな社会的制約もあって、すんなり離婚に至れないことが少なからずある。だから、即離婚とはならないわけだ。そこで、男としての自尊心を満たすためにキャバクラがあったり、性欲を満たすために風俗があったりする。それらを利用すれば、男として寂しい部分をどうにか埋められたりしてきたわけだけど、今は、さらにパパ活アプリなどもあるでしょ。自分の生活に足りない要素をアウトソーシングして埋め込みやすくなったってわけ。これらを賢く利用することに気づいちゃった人が、今回のコロナ禍で増えたんじゃないかな？」

では、一体どんな出会いがあり、そして関係が築かれているのでしょうか。

2章以降で詳しく書いていくこととして、ここではさらっと紹介していきましょう。

カジュアルな小遣い稼ぎとして女性から人気のギャラ飲み

今、人気のある遊びの1つにギャラ飲みがあります。顔の広い女性が容姿端麗な若い女性を集めて開催したり、アプリなどを利用してマッチングする方法があります。

レストランなどで開催されますが、女性側は飲食費を払わずに済むだけでなく、ギャラがもらえるのが特徴です。ギャラの額は人によって異なりますが、一般的にはキャバクラやクラブで遊ぶよりも安く済むことが多いです。また、会社員やエステティシャンなどの仕事をしている女性が副業で行っていることが大半なので、素人っぽさを求める男性から人気が高いという一面もあります。

また、ギャラ飲みが人気だと巷で広がり始めてから、「相席居酒屋」が登場しました。コロナ禍で下火となり閉店が相次いでいますが、一時期は、男性からは「キャバクラに行くより安く遊べる」と、女性からは「タダでご飯やお酒を楽しめる」と人気を博しました。似たようなお店に、エンカウンターバーがあります。相席居酒屋が2～3人のグループで行くものだとすると、エンカウンターバーは1人で行くところが大きな違いでしょう。

もちろん、ギャラ飲みで出会い、その後、愛人関係などに発展していくこともあります。〝パパ〟を探す女性にとって、〝愛人〟を探す男性にとっては、まずは食事をして会話をして、お互いに交際をしていけるかどうかを確かめられる機会にもなります。

パパ活という新しい関係

パパ活という言葉が出てきた頃は、1対1で行うギャラ飲みのような関係を指していました。パパ活は会員制ラウンジと大きな関わりがあります。ラウンジは西麻布や恵比寿に2010年頃から現れたのですが、パパ活はそこで働く女の子たちが「本格的な愛人はイヤだけど、ちょっとしたパパみたいな存在が欲しい」と言いだし、その頃に出てきた言葉です。

そのことにより、港区界隈に存在する〝キラキラ女子〟が、お金のある年上の男性とデートをしてお小遣いをもらうような関係が登場したのです。キラキラ女子は、大学生や20代の会社員、読者モデルなどが多く、ある程度の高学歴と端麗な容姿を持ち合わせているのが特徴でした。いわば、スペックの高い素人女性たちです。

小金のある男性たちとキラキラ女子が食事などのデートをして、お小遣いをもらう。そんなライトな関係が〝パパ活〟だったのです。ところが、こんな楽なバイトがあれば人気が出るのは当たり前。次第に、女性が供給過多になり、あっという間に、性的な行為などが入り込むようになっていきました。

これまで売春を〝援助交際〟と呼んでいましたが、コロナ禍を境にして、今度はパパ活と呼ばれるようになっていきました。

もともと援助交際も、必ずしもセックス込みの交際ではありませんでしたが、パパ活もまた、お金の絡む体の関係をカジュアルに表現する言葉として定着していったのです。

なんだかんだ言っても、食事だけ、デートだけじゃ満足できない男心が、この流れに現れていると感じています。

婚外恋愛、卒婚などの言葉も生まれ罪悪感が薄れつつある不倫

芸能人や著名人が不倫をすると、文春砲が放たれ、世間では大きなバッシングを受けます。ですが、その一般世間では、不倫の罪悪感が薄れつつあるのだから皮肉なものです。

２００１年にアシュレイ・マディソンが「人生は一度だけ。不倫しましょう」というキャッチコピーを引っさげて登場した時には、まだ「不倫なんてとんでもない」「許されるわけがない」という倫理観が一般的だったかと思います。けれども、個人同士でつながれるアプリやスマホといったツールが一般的になっていくに従って、そしてセックスレス問題などが社会問題とされていくうちに、「婚外恋愛」も必ずしも否定されるものではないかという風潮ができあがっていったように感じます。

今では既婚者専用のマッチングサービスや既婚者合コンなどもあり、既婚者が恋愛をすることについての意識は変わりつつあるようです。

「○○フレンド」という〝友達〟

セフレという言葉があります。恋人同士として付き合っているわけではありませんが、セックスをすることがある男女の友達関係を指します。どちらかに淡い恋心があることも多いようですが、全くないケースもあるようです。

以前は、「セカンド」という形で、本命になれない女性と、その女性が好きな男性という組み合わせもあったように思いますが、最近は、「ソフレ＝添い寝をする友達」「キスフレ＝キスだけする友達」といったように、軽いスキンシップを含む友達が出てきているのです。

この関係などはまさに〝足りないパーツを補うアウトソーシング〟だと言えるのではないでしょうか。

しかし、このフレンド間には、どちらかが片思いを抱いているケースも多いように感じるので、恋心を弄ばれたほうは深い傷を負うと感じています。本当に友達として割り切れているならいいのです、そうでない場合は利用されただけとなってしまいます。

このような友達も、友達の紹介、飲み会、合コンのような場所で出会うほか、出会い系サイトなどでも見つけることができます。

メタバースやゲームでの出会いで見つけるオンライン上の恋人

これは最近始まったものですが、メタバース空間やメタバースのゲームでの出会いが生まれています。もともとアメーバピグやモバゲーなど、出会えるゲームはありましたが、昨今ではよりリアル感のあるふれあいが持てるようになってきています。

これまで紹介したいくつかの関係が、肉体的な部分の隙間を埋めるものだとすると、こちらは精神的な隙間を埋める関係になるでしょう。オンライン上で話しかけて、友達になり、チャットで交流をする。そして、仲良くなってきたら、「何時にログインして会おう」というように、デートのようなことをするようになる。ゲーム内で一緒に戦ったり、何かを育てたり、作ったりして交流を深める。それが主な関係です。趣味を一緒に楽しむような感じです。

しかし、もちろんゲームで遊ぶうちに、LINEのグループなどに入り、LINEアカウントを交換したりして、中にはチャットセックスなどに発展するケースもあります。

2章以降では、様々な出会いやカップリングについて、さらに詳しく解説していきましょう。

第2章

多様化・細分化する婚活と出会い事情

婚活と恋活の違いとは？

結婚観は年齢や住む場所、職業などその人の属性において大きく異なるものです。特に、都心部では家賃も高く生活費が地方に比べ相対的に高いため、家族で暮らすという選択肢が、非常に高コストなものとなっているのが現状です。

小学受験や中学受験をして早い段階から私立学校に入るという選択を選ぶ人も少なからずいて、子ども1人にかかる教育費は年々上がる一方。そのため、「子育ては金持ちの道楽」だとはっきり言い張る同年代の友人もいます。

そんな中でも、人は寂しさを埋めるためにパートナーと出会いたいと願うもの。願う関係において、結婚がゴールにあるのか、それともないのか。それによって〝婚活〟をするのか〝恋活〟をするのかが決まってきます。

婚活と恋活の大きな違いは、「誰かと出会いたい。交際したい」と思った時点において、結婚を望んでいるかどうかの違いにあります。

一般的に婚活というと、「結婚相談所」「婚活パーティ」「婚活専用のマッチングアプリ」を指します。結婚を目的とした出会いを提供し、独身者のみしか参加できない合コンや街コンも含めても良いのかもしれません。また、「私、婚活しているの。誰かいい人いたら紹介して」などの言葉があるように、「結婚したい」と考えていて実際に行動に移していることを指すことも日常ではあります。

かたや恋活については様々。合コン、マッチングアプリ、ナンパ、街コンなどなど。未婚者だけでなく既婚者も「婚外恋愛をしたい」ということで既婚者合コンなんていうものも出てきています。軽い交際から真剣な恋愛を求める人まで、幅広いのが恋活だといえるでしょう。

また、結婚を視野に入れているのであれば、恋活に比べ、どうしても「条件」の部分が気になってくるもの。結果的に、出会いのツールにおいても、恋活に比べると、婚活のほうは、年収や仕事内容、結婚後は共働き希望か専業主婦希望か、子どもは望むかどうかといった「条件」の部分に重心をおく傾向になっています。

ここから先は、最新の様々な出会いのツールを紹介していきましょう。

アルゴリズムを利用した「AI婚活」で理想の人と出会える⁉

ネットやアプリを利用した出会いは、近年、ものすごいスピードで進化し、そして変化もしています。

ついに、出会いの場にも、「AI（人工知能）」が登場してきました。そう、「AI婚活」です。結婚相談所……つまりお見合いをセッティングしてくれる業者や婚活マッチングサイトでは、最近、AIを取り入れたマッチングを取り入れ始めているのです。

AIと聞くと、自動運転やロボットなどを思い浮かべるかもしれません。しかし、実は、出会いに関してもAIの力は大いに発揮されているのです。この場合、AIの能力が最大限に発揮されるのは、アルゴリズムを利用した情報処理能力においてです。

AI婚活において、AIは性格、価値観、趣味思考、行動パターン、異性との付き合い方といった、いままでの婚活ではマッチングに適用しにくかった要素を数値化することで、会員の大量のデータを様々な角度から検証して、相性のよい相手を選び出していきます。過去のマッチングの成功例や失敗例などが蓄積されていれば、その膨大なデータを活かせるのが強みとなります。

図B　AI婚活をしたことがあるか

	男性	女性
はい	26%	6%
いいえ	74%	94%

出典：e-venz調べ（男女1000人婚活に関するアンケート調査）

さらには、それまでにどんな相手と対面をして、どのような印象を持ったかなど、データを常に上積みして精度を増していくのです。使えば使うほど、理想の相手が見つかる相手が高まるのもＡＩ婚活ならでは。

日本における離婚の原因のトップが「性格の不一致」であることを考えると、内面の相性を重視したＡＩ婚活が広がれば、日本の離婚率は低下するかもしれないという説を唱える人も出てきています。

しかし、まだまだサービスは始まったばかりで、利用者は非常に少ないのが現実です。

現在婚活中である男女に対して行った「ＡＩ婚活を利用したことはありますか？」（図Ｂ参照）のアンケートでは、男性26％、女性６％がはいと答えています。

男女いずれも利用者は少数ですが、特に女性側の伸び代が大きく、今後の浸透が期待されます。

ただどうしても、性格分析的な要素が大きいため、登録者に対する質問内容が多く、実際に紹介となるまでに手間と時間がかかる傾向は否めません。そのため、気の短い方には不向きかもしれません。そのあたりも改善点だといえるでしょう。

２０２１年度から、政府はＡＩを使った婚活支援への補助を拡充しており、補助割合をこれまでの「２分の１」から「３分の２」に引き上げています。

すでに２０１６年度から本格的にＡＩ婚活を先取りして導入している「えひめ婚活支援センター」（愛媛県）では、過去のお見合い希望の結果をＡＩが分析し、お互いにお見合い希望は出していないけれど、カップリングが成立する可能性が高い組み合わせが導き出されたら、紹介することにしています。その結果、お見合いに至った割合は、これまでの13％から33％に上がったというデータも出ています。

また、埼玉県でも２０１８年に１５００万円を投入して、ＡＩ婚活を行っています。婚活支援サービス・パートナーエージェントを運営するタメニーと提携し、「自分には人並み以上の知力がある」「仲間とはいっしょに楽しい時間を過ごす」などの価値観に関する１１２の質問に答えると、希望に近い人をＡＩが導き出して紹介してくれるシステムです。

つまり、価値観の一致度を重視したカップリングをＡＩが提供してくれるというわけです。埼玉県少子政策課の発表では、２０１９年度に成婚した38組のうち、過半数の21組が、ＡＩの推薦によるカップルだったという報告も出ています。

他にも、結婚相談所ムスベルでは、東大の大学院性も研究員に含むメディンプル社とともに、「ＡＩリコメンド機能」を２０２１年９月より新たに導入しています。これは、マッチングする可能性が高い相手をＡＩが自動で選び出す機能で、単なる条件検索によるマッチングではなく、ムスベルに蓄えられている膨大なデータをもとに、ＡＩが多面的に分析したもの。この分析結果により、一見すると合わないのでは？　と思えるような人同士をつなげられ、人では導き出すことが難しかった相手と出会えるようになったということです。

すでにＡＩ婚活を導入している中でも、本格的なものをここでは紹介しましたが、私が様々なＡＩ婚活サイトをチェックしていると、まだ「単なるアンケート」をとって、それをほんの少しＡＩの技術で分析する程度のものが多いのも事実です。個人情報との兼ね合いがありますが、例えば、ＳＮＳと連動させることで交友関係や投稿の内容から相性の良い相手を見つけるというように、ビッグデータをベースにした分析ができるようになると、さらにこれまでは考えられなかったようなマッチングが提案されるのではないでしょうか。

今後は、アイデア次第で様々なテーマをカップリングの材料とするＡＩマッチングが生まれてくる可能性も大いにあります。業界の成長とともに、利用者の増加もとても楽しみな分野です。

コロナ禍でスタンダードになった「オンライン婚活」

２０２０年から始まったコロナ禍によって、オンライン会議など仕事のスタイルがオンライン化した数年でした。このオンライン化は婚活においても同様で、従来の対面形式のものが減少したのに反比例して、オンライン婚活も一気に進んだ感があります。

形式としてはオンライン会議などと同じで、Ｚｏｏｍなどのアプリ上で対面し、仲人などが仲介して、２人がコミュニケーションをとるというのが一般的。画面を通して会話をすることで、相手との相性を確かめます。

第一のメリットとしては、自宅や結婚相談所の事務所にいながら都合のよい時間に参加できるという点があります。ネット環境さえあればどこからでも参加できるというわけです。画面に映る背景を変える機能があるので、部屋を片付ける必要もないし、持ち物などが映り込んで個人情報が知られる心配もありません。

場所代や飲食代がかからないので、対面の婚活よりもリーズナブルなのもうれしいところ。コストが下げられればそれだけ多くの相手と出会えることにもつながります。

また、異性と話すのが苦手な人は、画面に映らないところに仲人さんなどにいてもらい、途中、「趣味について質問を」「表情が硬い。笑顔に！」などのフリップを出してもらう……なんてこともできるでしょう。こっそりアドバイスを受けながらお見合い経験を重ねていくうちに、次第にコミュニケーション力もついていく。そんなメリットもありそうです。

対面に比べるメリットは、思わぬところにもあります。それは、コミュニケーション中に気兼ねなくメモを取れる点。対面形式だと、相手の情報をいちいちメモに取るのは気が引けるもの。実際のお見合いで、気になった相手の情報ばかりメモしていたりすると、顰蹙（ひんしゅく）を買ってしまうでしょう。

しかし、初対面の相手の情報を記憶するのは、なかなか難しいものがあります。情報を心置きなくメモできるのはメリットになることでしょう。例えば、そのメモをもとに、次に会うときには気の利いたことを言えたり、好きな食べ物のことを話していたらデートの場所やプレゼントに使えたり……といった具合です。

もちろんデメリットもあります。やはり、生身の人間と接した時とは印象が大きく異なるという部分です。人は、視覚的な情報や話す言葉を聞く部分以外でも、様々な情報を拾うもの。

わかりやすいところでいうと、嗅覚の情報が拾えないという部分を挙げてみましょう。特に女性のほうが嗅覚に敏感だと言われていますが、それは出産と大きな関係があるという説があります。というのも、生物はより強い生命力を持った子孫を残そうとする性質があり、その遺伝子を見分ける方法のひとつに「におい」があるのです。

スイスのベルン大学のクラウス・ウィトキンス教授が行った有名な調査に、次のようなものがあります。

複数の男性が2日間着続けた木綿のTシャツのにおいを女性たちに嗅いでもらい、男性の魅力をにおいで評価してもらうという実験を行いました。その結果、MHCという免疫をつかさどる遺伝子の値が遠いほど、その男性の体臭を「好きなにおい」だと認識

図C　オンライン婚活をしている／したことがあるか

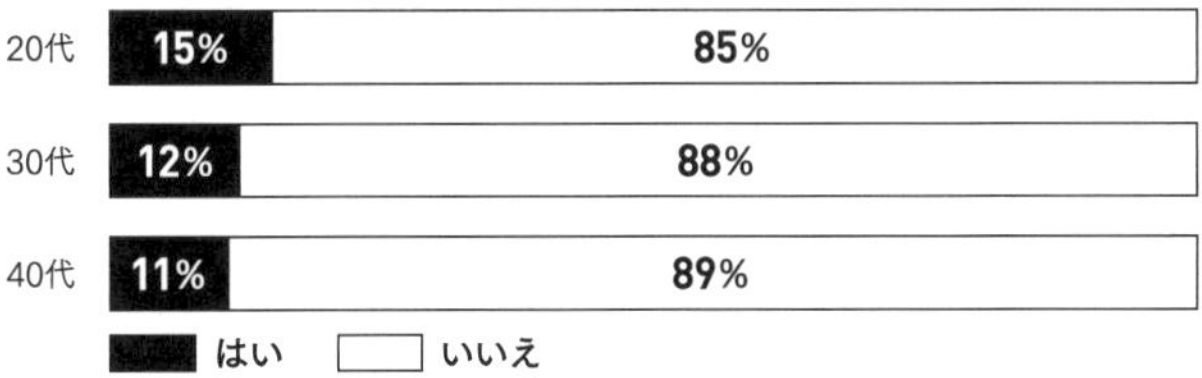

	はい	いいえ
20代	15%	85%
30代	12%	88%
40代	11%	89%

出典：e-venz調べ（男女1000人婚活に関するアンケート調査）

したのです。

つまり、このように、視覚や聴覚以外の部分で拾える情報が少ないというのは、デメリットになるのではないでしょうか。

さて、オンライン婚活の特徴を挙げてみましたが、実際にこのオンライン婚活はどれくらい活用されているのでしょうか。

男女1000人を対象としたアンケート（図C参照）では、オンライン婚活の利用率は、20代が15％、30代が12％、40代が11％、とまだまだ高いとはいえません。

オンライン婚活に対して怖さを感じている割合も、男性67％、女性79％とかなり高めです。さらに、実際に利用してみてオンライン婚活に苦手意識を感じた割合も、男性77％、女性75％と高い数値となっています。

つまり、オンライン婚活は話題にはなったものの、あまり定着していないというのが現実。しかも、「距離感がわかりづらい」などの理由で苦手だったという評価となっているのです。

しかし、この調査を行った時期は、２０２１年11月30日～２０２１年12月30日と、コロナ禍でオンライン化が進んだとはいえ、まだ過渡期です。コロナ禍でリモートワークの日が長引くにつれ、オンライン会議や商談、セミナーなどがどんどん取り入れられ、だんだんと慣れてきた経緯があります。今では、「ちょっとした打ち合わせならオンラインでサクッとやったほうが楽」と考える人も多いのではないでしょうか。

これらの便利さは、今後も定着していき、新しいアプリやシステムも開発されていくに違いありません。

それに従い、オンライン婚活も「便利さ」「気軽さ」といったメリットの部分を上手に取り入れていけるのではないかと考えています。実際、少数ではありますがオンライン婚活を評価する声も確実にあり、その内容は「気軽に参加できる」「対面と違って、自分のペースで進めやすい」などとなっています。

コロナが落ち着いて以降、オンライン婚活はやや下火傾向にありますが、今後、また注目を浴びる可能性はゼロではありません。というのも、意外なところで注目されているからです。

それは、海を挟んだ婚活です。現在、過疎化の進んだ地方では結婚相手が見つからずに困っている人が少なくありません。専業農業や漁業を営んでいる家などでは後継者が配偶者を見つけるために、アジアの女性を配偶者に迎えるケースが増えているのです。

このような場合に、オンライン婚活を利用すれば、わざわざどちらかが渡航することなく、お見合いができます。何人かとお見合いをして、良い人が見つかったら、渡航して実際にあってみるという段階を経ることができて、とても効率が良いと好評だといいます。

国際結婚だけでなく、Uターン・Iターン結婚を望む人、田舎に移住したい都会の独身者と田舎に在住する独身者のマッチングなど、遠隔地にいる人同士を結びつけるような場合は、非常に役立っていくと考えられます。

また、今後は、メタバース上で本人そっくりに作られたアバター同士がお見合いをするなどのサービスも出てくるでしょう。これから出てくる新しいサービスを含め、発展が楽しみなジャンルです。

都市型と地方型で進化していった「街コン」

「街コンでの出会いは結婚に結びつかない」と思い込んでいる方は少なくありません。どちらかというとナンパのような、表面的で軽い出会いを求める人間しか集まらない場だというのがその理由です。しかし、これは先入観であって一面的な捉え方であると私は考えています。

どのような団体が開催しているか、街コンのテーマ、そういった部分でカラーに大きな違いがあるものです。そのため、〝お持ち帰り〟を狙った男性が多く集まるような街コンがあるのも事実……。

街コンに参加してイヤな思いをしたことがあるというMさん（26歳・女性・会社員）はこのように話します。

「街コンがちょっとしたブームになっていた時に、いろんなお店を食べ歩き、飲み歩きできる街コンに友人と参加したことがあります。最初のうちは気になるお店に入って、そのお店で出会ったグループと楽しく会話して、頃合いを見計らって連絡先を交換したり、しなかったりして、『じゃ！　また機会があれば!!』という感じだったのですが、ある程度お酒も入ってきた時に、しつこく絡まれたんですよ。明らかに〝ヤリモク〟で最初からスキンシップも多く、『この後の予定は？』というようなことを聞いてきたり、挙げ句の果てには『会ってその日のうちにとか、アリなタイプ？』と肩に手を回してきたり……。タイプ的にもナシだったので、友人と目配せして、突如『じゃ！』と席を立って逃げ出す感じでした（苦笑）」

そんな苦い体験をしたMさんですが、ハズレだったのはこの1回だけということで、その後も何回か街コンに参加したそうです。お得に食べたり飲んだりできて、友達もできるということで、ワイワイやるのが好きな人には向いているのかもしれません。

「私は街コンで彼氏ができるということは残念ながらなかったのですが、よく街コンに一緒に行く友達の1人は彼氏ができましたよ。そのうち結婚も考えるのではないかなと思っています」（Mさん）

街コン自体は、ただ単純に出会いを提供するという側面だけでなく、「地域活性化」の役割を担うイベントでもあるというのが他の出会いイベントと大きく異なるところです。例えば、主催する場所によって楽しみとするテーマは異なりますが、「出会い」「グルメ」「店舗繁盛」「観光」といった〝出会うだけじゃない楽しみ〟があるのです。

主催者も、出会いを提供する民間業者が中心ではないところも特徴です。地方自治体、地域の商工会青年部や農協青年部が主催するケースも多く、そこに協賛団体やボランティアが加わってイベントを作り上げていくという手作り感のあるものも多くあります。こういった部分も街コンならではの面白さではないでしょうか。

また、街コンは、1回の開催につき数百人〜数千人という非常に大勢の参加者が集まるのも特徴です。

加えて、開催地によっても大きな違いがあります。まず、大きく分けると「都市型街コン」と「地方型街コン」があります。その違いを比較していきましょう。

都市型街コン

・主催者が民間業者であることが多い。
・とにかく大人数が集まる。
・開催場所が居酒屋巡りなど町をテーマパークのように扱う。

地方型街コン

- 地域性を活かしたイベント内容。
- 季節感があることも。
- 過疎化した地域を活性化する目的もある。

地方型では、スキー場を舞台にしてウィンタースポーツが好きな男女が出会えるイベントがあったりする他、こんにゃくやバターなどを作るといった体験型、アウトドア空間でバーベキューなど、ご当地性を活かした面白いイベントも多くあります。

そのため、これといった出会いがなくても、友達同士で楽しいイベントに参加した……といった具合に思い出作りをすることもできます。

一方、都市型合コンの場合は、単純に居酒屋などで食事やお酒を楽むという内容がどうしても多くなってしまいます。街コンの特徴として、独身者だけでなく、既婚者も参加できるケースが多いため、「いいなと思った人が既婚者だった」などのガッカリ体験になってしまうのも、この都市型合コンが少なくありません。

そのため、どうも「ナンパのような感じ」「軽い人が多い」というイメージも定着してしまっている面があるのも否めません。

ですが、婚活パーティのようなガツガツ感は苦手、楽しく異性と食事しながらゆるく交流して、交際まで発展させたいという方にとっては、出会いのチャンスが多いのも事実です。参加費も数千円程度からとお手頃なため、気軽に参加できるという心理的な負担も低く、コスパがよいのも特徴です。

また、今までの人生のテリトリー外の人と出会える可能性が高いというメリットもあります。全く異なる仕事の人、学校生活でも出会わなかったような人、年齢差のある人など、「たまたま同じテーブルになったご縁」というのも、出会いとしては面白いのではないでしょうか。

とはいえ、あまり人気が定着していない傾向もあるのが事実です。

「過去に1度でも街コンに参加したことがありますか?」との男女1000人へのアンケートには、「はい」と答えた人はわずか10%。また「コロナが落ち着いたら街コンに参加してみたいと思いますか?」との問いでも、「はい」は9%と一桁止まり。まだまだ街コンの参加ハードルは高いのが現実です。逆に言えば、参加するだけでアドバンテージを持てる状態が続いているとも言えるかもしれません。

では、いったい、どのように参加すれば良いのでしょうか。

街コンの場合は、2〜3人の同性同士のグループで参加するのが良いとされています。1人ではなくグループで参加し、異性のグループと一緒に食事をしたりするのです。つまり、個人がマッチングするのではなく、まずグループがマッチングするといった按配。グループデートが行われると考えると良いかもしれません。

また、街コンは、性格やタイプによって出会いの成功率がグッと変わるので、自分が街コン向きかどうかをよく見極める必要もあります。

街コン向きなのは、以下のようなタイプです。

・自分から積極的に人に話しかけることができる。
・結婚願望よりも恋愛願望が強い。
・もっと友達を作りたい。

ガツガツと結婚相手を求めにいくというよりは、友達を増やしたり、ゆるく恋愛相手を探したりしている社交的な人に向いているというわけです。

友達や恋愛相手に出会えるという側面が強い街コンですが、結婚にこぎつけるケースがないわけではありません。

街コンに参加した経験のある男女50人に対して行ったアンケートでは、そのうち18人が結婚をしていたという結果があります。調査数がそれほど多くないので、全体のパーセンテージとはズレがあるかもしれませんが、街コンが結婚に結びつかないというのは正しい現実認識ではないと思ったほうが良いでしょう。

参加する街は地元であったり、出やすい場所であったりすることが多いため、出会った後に関係が続きやすく、結果的に結婚に至るということなのでしょう。遠くの親戚より近くの他人などと言いますが、距離の近さは、人間関係の構築を大きくサポートするものです。

単なる出会いの提供という側面だけでなく、「地域活性」「人とのつながり」という広がりのあるテーマを持つ街コンは、コロナが本格的に落ち着いてきたら、また活性化するに違いありません。

ここからは、実際の街コンについて、どんなものか紹介していきましょう。

参加費について

参加費はどのようなテーマであるか、開催会場や形式により異なりますが、男女で差があることが一般的です。

・ディナー：男性6000〜8000円／女性2000円〜5000円
・ランチ：男性5000〜7000円／女性2000円〜3500円
・ボウリングなどの体験型：男性5000〜9000円／女性3500〜5000円
・ウォーキングやランニング：男性3000〜6000円／女性1500〜3000円

飲食店で夜に行われる一般的な街コンだと、男性が6000〜8000円程度、女性は2000円〜5000円程度が相場となります。この場合、お酒は飲み放題の場合がほとんどで、食事もしっかり提供されます。

いずれも食事やお酒の有無、アクティビティの内容により参加費に変動があります。

立食型と着席型

街コンには大きく分けて立食型と着席型の2種類があります。

立食型は、全てが自由時間といった形であり、立食スタイルで食事が提供されます。参加人数が多く、中には1人で参加する人も少なからずいます。当日にフラッと行っても参加できるイベントも多く、間口が広いのが特徴です。

そのため、初対面でもガンガンと話しかけられるオープンマインドなタイプに向いていると言えるでしょう。

もし、初対面の人と話すのがやや苦手だけれど、それでも街コンに参加したいという場合は、自由行動が基本の立食型は避けたほうが良いでしょう。テーブル単位になっており、少人数やツーショットで話ができる体制になっている着席型を選ぶのがポイントです。少人数で開催されるものが主なので、話せる相手は少なくなりますが、その分じっくりと話すことができます。

外見に自信があるなら立食型、外見よりも内面勝負という方は着席型という分け方もできます。

街コンのテーマと選び方

街コンはフィールドが広めです。選ぶ際は、さらになるべくフィールドを狭く絞り込むほうがよいでしょう。

例えば、今週末、時間が空いているからどうしても参加したいといって、その週末に開催している街コンから選ぶという姿勢で参加するのでは、出会い成功率は低くなります。

例えば、医療関係者だったり、飲食店勤務だったりと平日が休みの職業ならば、平日昼間のランチコンなどに参加する、ワインが好きならワイン好きをテーマにしたものという姿勢で選ぶようにすると、同じ生活スタイルや趣向が似ている相手と出会いやすいです。

地域は、自分の生活圏内に近い場所を選ぶといいでしょう。駅前の飲食店などの地域ネタで盛り上がることも多く、同じ地域に住んでいるほうが新規感も生まれやすいもの。また、その後、交際に発展した場合も、会いやすいというメリットが生まれます。

ちなみに、ランチコンやイベント型は時間も短くライトなので、その場で仲良くなろうとし過ぎず、連絡先をゲットできればよいぐらいの気持ちで参加するといいでしょう。このようにイベントの特徴に合わせる必要もあるので、心に留めておくと良いでしょう。

ちなみに、ランチ後の2次会となると事情が変わります。夜開催の場合、二次会で急接近しても、その後は解散の確率が高いもの。しかしランチコン後の2次会は、その後の時間がまだ残っているので誘い放題というメリットがあるのです。そのため、会場付近の二次会に適したスポットをチェックしておくのは必須です。

年齢によって参加するイベントを変える

イベントによっては年齢限定型もあります。当然ではありますが、年齢が近いほうが、話が合う相手と出逢いやすく、カップリング率も高まります。

その街コンが対象とする年齢によって、開催内容や場所、金額が異なってくるので、その辺りもしっかりチェックしたほうがいいでしょう。

例えば、20代限定の場合は、立食型や野外型が多くなっています。お花見コンや花火鑑賞コン、ハロウィンパーティコンなど、季節限定や行事などに絡めたイベントも少なくありません。その分、参加費も安めに設定されています。

婚活という空気は全体的に薄く、恋人探しや友達作りの側面が強いのも特徴です。結婚前提の真面目な出会いを……といった空気が出てしまうと、男女共に敬遠されてしまうこともなきにしもあらずです。

30代〜アラフォー世代向けは、結婚を視野に入れた空気感があります。社会性の高さを前面に押し出すような「収入が高い男性限定」「医者や弁護士などの専門職」をテーマにした街コンもあります。つまり、結婚相手探しを前提として参加している女性も多いというわけです。

飲食がテーマのものも「ワイン好き」や「日本酒の勉強」のようなもののほか、雰囲気を重視した「おしゃれなレストランのテラス席」のようなものが出てきます。

当然、20代向けよりも参加費は高くなる傾向があります。この参加費の高さでも、どの年代に向けたものなのかが図れるともいえます。

40代以降となると、着席型、少人数のものも多くなってきます。多くの人と目まぐるしく出会って話すのが疲れる、長時間立っているのは疲れるという中高年のニーズを取り入れているからです。

また、バツイチや子どもがいる人も歓迎といった会もあります。中には、子育てが終わって新たな出会いを求めるなど、第二の人生のパートナー探しをテーマに掲げる会が出てくるのも大きな特徴でしょう。

総じて、まずはお茶飲み友達からといった雰囲気で、ガツガツと恋愛相手や結婚相手を求める雰囲気ではありません。焦らずにしっかり選んで、これだという人が見つかったならばゆっくりと関係づくりをしたいといった参加者が多く見られます。

人生の山を超えた人同士が、落ち着いた出会いを求める空間であるとも言えるでしょう。

職業や年収がテーマの街コンもある

なかには、公務員限定のように社会的ステータスに焦点を当てた街コンもあります。医師限定、士業限定、消防士限定、警察官限定など、狭く業種を絞ったものもあります。

一風変わったところでは理系男子コンや農業男子、漁業男子などもあります。はたまた、あからさまに年収600万円以上限定、800万円以上限定、1000万円以上限定など、収入で区切られたストレートなものも……。これは確定申告書、給与明細書などの収入証明書の提示を求められる場合もあり「自己申告」では参加できません。

医師や士業のように、ステータス限定系は、女性が最初から結婚相手として見てくる傾向があり、総じて女性の参加費が高く、男性は低めというように、参加費の逆転現象が起きます。

もちろん、例えば、保育士限定など女性の職業を限定したものもあります。

容姿やタイプ限定のイベントも!?

あまり気分の良いものではありませんが、容姿限定のものもあります。男性「身長175センチ以上」「体型スリム」「体型マッチョ」、女性「スリム」「ぽっちゃり」など。さらには「彼氏彼女がいそうと言われる人限定」などというものも。逆に、そんな陽キャな雰囲気が苦手という人たちのために「オタクコン」などもあります。そんなオタクコンは、鉄道やアニメなどをテーマにした内容になっていることもあり、主催者側の工夫が見られます。

このように主催者側も盛り上げようと必死になっているのが街コンとも言えるでしょう。ただし、様々な人が気楽に参加でき、しかも大勢が集まるといった特徴があるため、良からぬ出会いを目的にしている人もいるのも事実です。宗教やカルトの勧誘、投資詐欺、マルチビジネスなどの業者が入り込むケースもあるのです。くれぐれも気をつけたいところです。

近年注目を浴びている「趣味コン」の世界とは？

リアルでの出会いの場で現在かなり盛り上がりを見せているのが趣味コンです。趣味と出会いはもともと親和性が高いものですが、それを主催者が出会いの場として提供しているのです。

出会いを目的として男女が集まるというと、どうしてもガツガツした雰囲気が先行してしまうもの。結婚を目的としているとスペックに目がいき、そうではない恋愛などの出会いの場であると、「遊び目的なのではないか？」「体目的なのではないか？」といった警戒心をかい潜りながらのコミュニケーションが求められる側面があります。

そういった出会いの場が苦手であるという人も少なからずいるため、いわゆる合コンやパーティが不得意な男女に向けて提供されているのが、この趣味コンだとも言えるでしょう。出会いの場というよりも、オフ会のような雰囲気もあり、非常に今っぽい出会いの場となっています。

さて、出会いにおけるコミュニケーションのハードルの高さは、初対面同士があれこれ話さなくてはならない点にあります。自己紹介から始まり、それまで何も接点がない者同士が話さなければならず、どうしてもありきたりな話題に終始してしまうもの。

ですが、その点において、趣味コンであれば「趣味を一緒にやっている」という前提があるため、「大変ですね」「気持ちいいですね」「いい景色ですね」など、自然な会話が生まれやすくなります。この点が最も参加者の精神的な負担を下げているのではないかと考えています。

実際、ハイキング系の趣味コンに参加したKさん（35歳・男性・メーカー勤務）はこう話します。

「普通の婚活パーティにも参加したことがあるのですが、『初めまして。○○と言います。いやあ、いきなりこうやってセッティングされても何を話したらいいかわからなくて戸惑っちゃいますよね』から始まって、趣味を聞いたり、参加の動機を聞いたりと、同じ質問を繰り返す時間に耐えられなくて、1回でめげました（苦笑）。でもその点、趣味コンは、もちろん自己紹介や参加の動機を聞いたりもするんですけど、それだけじゃないのが良かったですね。『普段、ハイキングとか好きなんですか？　僕は休日を自然の中で過ごすのが好きなんですよね』と自然にライフスタイルのことを話したり、『風が爽やかで気持ちいいですね』なんて他愛もない会話をしながらのんびり歩いたりできて、『この子、一緒にいると落ち着くなあ』なんてフィーリングの合う女性を自然と見つけられたりするんですよね。実際、4回目に参加した趣味コンで今の彼女を見つけました」

特に男性は、出会いの場において、女性にストレスを感じさせないよう気遣って、会話などをリードしていかなければならないというプレッシャーを感じている場合が少なくありません。会話が途切れて天使が通る時間は、恐怖そのものだという人もいるのではないでしょうか。

また、人見知りだから……と大勢が集まる街コンに苦手意識を持っていた人も、参加人数がそれほど多くない趣味コンならば気後れせずに参加できるかもしれません。

また、街コンで敬遠されがちなオタク系キャラでも、アニメやゲーム、漫画などをテーマとした趣味コンならば得意の蘊蓄を活かせるというのも大きなメリットだといえるでしょう。

実際、〝オタク〟をテーマにした趣味コンは多く開催されており「オタコン」「オタパ」などのネーミングさえつけられています。

結婚相談所にもオタクをテーマにした業者が現れており「ヲタ婚～ヲタクに婚活は難

しくない！」というサイトを運営。交際成立率は60％、そのうち成婚率は62・1％と非常に高い成婚率がアピールされています。

ネット社会の現代では、オタクは決して「格好悪いもの」「イケてない人」ではありません。

鉄道系の趣味コンに参加したTさん（35歳・男性・IT系企業勤務）はこう話します。

「初対面の女性といきなり何か話せと言われても絶対無理なのですが、鉄道好きの人が集まる会なら大丈夫かも？と思って参加しました。列車に乗って日帰り旅行のような合コンだったことと、司会の方が色々と進行をしてくれるので、人見知りしてしまう僕でも、全く話せないってことはありませんでした。最初はすごく緊張しましたが、帰りには何人かと連絡先も交換しました。彼女はできなかったのですが、彼女を欲しいと思っている鉄道好きの友達ができました。そいつとは、時々、どの趣味コンがいいかとか情報交換したり、どうすれば彼女が作れるかなどを相談できるので、ありがたいですね」

鉄コンの中には、民間の出会い系業者が行っているものだけでなく、鉄道会社や旅行会社が主催しているものもあり、特急に乗って観光地まで行き、その場で食事や観光を楽しむようなものもあります。その分、参加費も高めなのですが、日帰り旅行だと考えると実はお得だったりします。

では、実際の趣味コンとはどんなものなのかを紹介していきましょう。数ある出会い系イベントの中でも、趣味コンでの出会いは、交際につながるだけでなく、結婚に至る確率も非常に高いという面があります。同じ趣味を共有する男女は、感性や価値観が似ており、一緒にいてストレスが少ないと感じることが多いという理由からでしょう。

また、もし出会いにつながらなかったとしても、趣味が同じ人たちと過ごすひととき は楽しく、無駄な時間にならないのもよいところです。

アウトドアやインドア系など様々な趣味コン

では、実際にどんな趣味コンがあるのか、紹介していきましょう。

体を動かすのが好きな人が参加するスポーツ系趣味コン

登山コン、ヨガコン、卓球コン、テニスコン、ゴルフコンなど。スポーツ系は一般的に年齢層が低いですが、登山コンやウォーキングコンは例外で、20代から50代後半まで広い年齢の男女を包括するのが特徴です。スポーツをするよりも見るほうが好きならば、野球観戦コン、サッカーファンコンなど、スポーツ観戦コンもあります。

インドアに限らない文化系の趣味コン

映画コン、ディズニー好きコン、美術館・博物館巡りコン、寺社巡りコン、歴史コン、鉄道コン、カメラコン、漫画コン、小説コンなどがあります。さらには、動物好きならば、動物園コン、水族館コン、猫カフェコンなども。細かい点ですが、入場系のものは、参加費に入場料が含まれている場合と、別途になる場合があるので注意が必要です。入場料が含まれていると思って、いざ入場する際に、お金を持ってないでは洒落になりません。

インドア系の文化系趣味コン

ゲーム好きな人たちが集うのがボードゲームコン、カードゲームコン、人狼ゲームコン、謎解きゲームコンなど。特に、ゲーム系合コンは、みんなで一緒にゲームをする楽しさがあり、この楽しさから、二次会の開催につながったり、後日みんなでオンライン上で集まり、一緒に遊んだりという発展性があるのも特徴です。

食やお酒に関する趣味コン

好きなお酒を楽しむワインコン、ビールコン、日本酒コンなど。ただ、飲食をして楽しむだけでなく、知識を深められるように簡単なセミナーが付いているようなものがあったり、酒造所見学ができるものもあります。特に最近はクラフトビールが流行中なこともあり、ビール好きのイベントは注目度が高くなっています。他にも、ＢＢＱコンのようにみんなで集まって屋外で楽しむようなイベントもあれば、いちご狩りコンやブドウ狩りコンのような体験型もあります。他にも、キッチンスタジオで一緒に料理を学びながら、実際に料理を作ってみんなで食べる、料理コンもあります。

変わり種

変わったものには座禅コンというものもあります。他には、落語コンなども変わり種だといえるでしょう。ニッチな趣味のほうが、共通の趣味を持つ人と出会いにくいという特性もあり、いざ出会ったら恋愛心も燃え上がりやすい傾向もあります。

趣味コンに参加する注意点はいくつかあります。

まず、仕事の関係で土日祝日が休日ではないという人もいるでしょう。このような場合、平日昼間に開催されている趣味コンは少ないというデメリットがあります。

こんな場合は、例えば「夜景を眺めながらナイトウォーキングコン」というような、夜バーションの趣味コンなどを探してみるという手があります。一度、調べてみるといいでしょう。

また、趣味コンの特徴として、趣味でカテゴライズされて集まる男女のため、一般の街コンより年齢層のばらつきは大きくなりがちです。普段コミュニケーションを取らない年齢層とのコミュニケーション能力が求められるとあらかじめ理解しておく必要があります。

そんなことからも、やはり大前提として、自分が好きな趣味のものに参加することが大切ということになります。例えば、ワイン好きな女性と出会いたいという理由で、特にワインに興味がないのに参加すれば、当然会話に着いていきづらく浮いてしまいます。ワインという共通のトピックで会話ができれば、年齢が離れていても「共通項がなさすぎて何を話せばいいかわからない」という地獄の時間にならずにすみます。

趣味コンでうまくいくコツは、とにかく趣味をまずは楽しむということです。同じ趣味の人間と過ごす時間そのものを楽しんだり、友達になりに行こうくらい肩の力を抜いて参加したほうが、結果的に良い出会に巡りあえるようです。

ただし、オタク系の趣味コンで、注意しなくてはならないパターンが一つあります。オタク系男性とオタク系女性が盛り上がる分には、非常に心地よい空気が流れるのですが、たまにいかにも普通っぽい男性や女性が紛れ込むことがあります。そうすると、オタク系男性、オタク系女性が、知識を披露してマウンティングしてしまう……というシーンが起こってしまうことも。

オタク同士で趣味を楽しむ場であればマウンティングさえも醍醐味の1つといえるで

しょうが、あくまでも趣味コンです。なので、そのフツメン、フツジョも一緒に趣味を楽しもう、みんなで楽しい時間を過ごそうという姿勢が求められます。

そこが、コミケのような趣味主体の場と、出会いの場である趣味コンの違いともいえます。

一方、最近ではオンライン版の趣味コンもあります。婚活アプリ内の「趣味のマッチングサービス」機能です。

有名なものだとアメリカ発の「Meetup」があります。このアプリは必ずしも「男女の出会い」を目的としたものではありません。あくまでも、地域コミュニティ交流プラットフォームです。現在、世界約180カ国で2700万人以上が利用しており、世界最大級の規模を誇っています。

このアプリでできるのは、自分と同じ興味を持つ仲間とオンラインで出会い、そしてオフラインでリアルに活動することです。そのため、近所に住むマラソン好きな相手を探して一緒に走ったり、寺社巡りが好きな相手と近隣地域自前ツアーを企画したりと、アイデア次第で出会いの幅が広がっていきます。

オンラインとはいってもあくまでも趣味をベースとしたつながりを求めるアプリなの

で、オンライン交流時間はなるべく早く切り上げて、対面で趣味を楽しむとっかかりとして利用するように心がけるといいでしょう。

COLUMN

主催者が語る「奥手な人」「人見知り」でも参加しやすい趣味コン

登山やパワースポット巡り、ボードゲームなどの趣味コンを数多く開催しているｍａｒｉｒｕ ｐａｒｔｙの代表・清原邦雄氏はこう話します。

「友達作りに近い感覚で参加でき、同じ趣味を持つ人と出会えるのが趣味コンの１番のメリットです。どこかに出かける系のイベントだと、開催地も観光地やデートスポットなので、雰囲気もいいんですよね」

これまでに開催したイベントでは、共通の趣味を持つカップルが生まれ、婚約まで辿りついたケースもあるといいます。

「それは登山合コンで付き合い始めたカップルなのですが、毎週のように山デートを楽しんでいると報告が来ていました。結婚も間近ということです。実は、合コンで出会った後もこのように報告がずっとくるのはレアケース。だいたい参加して、彼氏彼女ができたら、主催者側とは縁が切れてしまうんですよね。だから、その後の展開についてはあまり知ることができないのですが、彼らを見ていると、すごくいい付き合いができる人と出会えるのが趣味コンなのではないかと感じています」

オフの日に仲良く一緒に過ごせる趣味がある。それは、結婚生活にとってもよい潤滑剤になっていくことが、リアルに想像できます。

また、趣味コンは、異性に対して奥手な人が出会いを見つけやすいところがあると清原氏は話します。

「通常の婚活パーティだと、向かい合って、『はじめまして』から会話をしますよね。でも、初対面の人とこの状態から会話を盛り上げるのって、ものすごく難しいことだと思いませんか？　異性との会話に慣れていない人にとっては、もはやつらい時間ですよね……。でも、登山やハイキングだと、隣に並んで歩きながら『今日はハイキング日和ですね』といった自然な会話からスタートします。ゲームであれば、普通にゲームを楽しんでいるだけで、会話が生まれる。目に見える景色、目の前で起こること全てが会話のネタになるので人見知りの人も参加しやすいんですよね。また、特にアウトドア系は恋愛の成就に大切な３つの『ing』が揃っているので、出会いが恋に発展しやすいんです」

3つのingとは、「フィーリング」「ハプニング」「タイミング」のことだそうだ。

ちなみに、つい最近開催した登山イベントでは、突如、どしゃ降りの雨が降るという事態が起こったそう。でも、これは「ハプニング」。つまり、通常の登山であればガッカリするできごとですが、これはあくまでも合コン。悪いことだけではないのです。

「雨宿りのためにお茶屋さんに入ったんですが、みんなの雰囲気がすごくいい感じになったんです。吊り橋効果っていうんですかね？　この日のカップル誕生率は前代未聞でした（笑）」

さらに、〝解散からその後〟というのも恋に発展する可能性を含むそうです。

「解散後、同じ方向に帰る人たちがいるでしょう？　高尾山に登るなら新宿方面に向かう人が多いのですが、それぞれ山手線、地下鉄というように分かれていきます。『家が近いですね』『また会いましょう』という展開になり、電車の中でも恋が生まれるんですよ」

コロナ禍では密を避けるという意味で、アウトドア系の趣味コンの人気が高かったといいます。オンライン化が進む一方で、このようなリアルの合コンは、リアルだからこそ楽しめる趣味コンが、今後ますます伸びていくのではないでしょうか。

結婚しない？　それともできない？　恋愛と結婚の壁

交際が続いた場合、カップルはどれくらいの交際期間で結婚に至るのでしょうか。

２０２０年のゼクシィ結婚トレンド調査（全国推計値）によると、「1〜2年未満……27％、2〜3年未満……24・4％、3〜4年未満……15・6％」となっています。交際スタートから2年未満で結婚するカップルの割合が多いことがわかります。

愛は4年で終わるという言葉がありますが、ラブラブのうちに結婚をしてしまおうということかもしれません。

結婚を前提としながらも別れる場合は、それなりの大きな理由がある場合が多いもの。圧倒的な価値観や性格の不一致に気づいてしまった場合、許せない嘘をつかれていた場合、その他には、浮気、束縛、借金などがあります。

もうここ何年も、未婚率の高まりが社会問題となっています。少子化も一向に解決される気配がありません。そのため、政府は婚活事業に助成金を出すなど、少子化対策に力を入れていますが、これといった成果が顕著に現れているものはないというのが現状です。

ですが、長年、男女の出会いを専門としてきた私から見ると、「出会い」を求めている人は確実に多くいます。そして、恋愛もしたがっているのです。もちろん、できれば結婚も……といった状況がある、これが本当のところだと感じています。

男女関係において結婚が全てではありませんが、「結婚なんてしたくない」と結婚を否定する人は少ないという印象です。

というのも、出会いから結婚まで行き着くには、実は様々な段階があり、その段階ごとに大きな壁があります。だから、「本当は結婚がしたい」「できれば結婚してみたい」と思っていても、結婚に行き着く前に疲れたり、諦めたりしてしまう人が多いように感じるのです。

それには「多様化」というキーワードが関係していると思っています。

例えば、こんな人がいます。

若い頃は仕事が忙しく、恋愛関係が生じても時間が取れずに続かない。やっと時間が取れるようになった頃には、適齢を過ぎてしまっている。これは、医師や弁護士などの長い勉強と経験の蓄積が必要な職業に就いているケースに多く見られます。

それから、こんなパターンもあります。

好きな職業に就いたはいいけれど、それほど高収入ではなく、将来的にもグンと上がる見込みがない。だから結婚を諦めるしかないと思い込んでいる。けれども、これはマッチングが難しいというだけ。男性の収入が多くなくても、家事育児も男性がしっかりと行うのであれば、ぜひ結婚したいという女性もいるでしょう。そんな女性は概して、自分も好きな仕事についておりキャリアを重ねたいという考えを持っています。そういう女性の場合、「結婚はしたいけれど、家事育児を半々でやってくれる人じゃないと困る」と考えているのですが、これまでの経験や周りの結婚生活などを見て「でも、実際、やるよといってやらない男って多いんだよなあ」と半ば諦めモードのことも多いのです。

男女ともに出会いに対し消極的なのがこのケースでしょう。

はたまた、公務員という安定した仕事に就いているけれど、趣味は格闘技で、時にはアマチュアの試合にも出る。だから、格闘技を応援してくれる格闘技好きな女性と出会いたいというような、人生においてニッチな趣味の充実をテーマにしている人もいるでしょう。これもまた、なかなかマッチングが難しいケースになります。

出会いはそもそもミスマッチが起こりやすいものなのですが、働き方や生き方が多様化したために、さらにミスマッチが起こりやすくなっているというわけです。

だからこそ、多くの人の中から、ＡＩがマッチングするような出会いが今後ますます必要になっていくに違いありません。

テクノロジーが解決できる部分が増えてくると、出生率などにも変化が出てくるのではないかと考えています。

COLUMN

多様なパートナーとの関係性「ポリアモリー」

時代とともに性のとらえかた、男女の関係性も大きく変化しています。とくに現代は、以前はアンモラルだとされていた関係も、結婚の範疇に含むという流れになってきています。

その象徴的なものが「ポリアモリー」です。ギリシャ語の「poly」（「複数」）とラテン語の「amory」（愛）からできた造語です。複数愛、つまり複数の相手と同時に結ぶ恋愛関係、ということです。

浮気と違うのは、パートナーの間に秘密はなく、全員が同意の上の関係だという点でしょう。

結婚制度との軋轢があると思われますが、それは日本が一夫一妻制だからであり、一夫多妻制の男女関係はポリアモリーの一種ということになります。ちなみに日本のように一夫一妻制の男女の関係性はモノガミーと呼ばれます。

日本で婚姻関係を持つポリアモリーは、結婚相手の同意の上で別に複数の異性と恋愛関係・男女関係を持つケースが多いようです。しかし、ポリアモリーの価値観では、結婚という形式に重きを置かないため、あくまでも便宜上ということになります。婚姻状態を維持しなくてはならないという感覚もないので、気持ちが変われば即離婚という場合も多くあるようです。

自分がもしポリアモリーかもしれない、ポリアモリーとしての恋愛を始めたいという方は、ポリアモリーが集う交流会「ポリーラウンジ」に参加してみるのもよいかもしれません。年齢・セクシュアリティ・恋人の有無等に関係なく、誰でも参加できる交流会であり、関東、関西、九州を中心に不定期に開催されています。

第3章

「パパ活／ギャラ飲み」令和の新しい男女関係

パパ活とは一体なに？　援助交際との違いとは？

パパ活——援助交際や売春という言葉にまとわりつく暗く重たいイメージに比べ、なんとカジュアルな響きなのでしょうか。

言葉の軽さが罪悪感、うしろめたさを希薄にするのでしょう。パパ活はツイッターのほか、ＳＮＳを利用する若い女性を中心に広がりを見せました。２０１７年にはインターネットテレビで、そのものズバリの『パパ活』なるタイトルのドラマまで配信され、言葉の認知度も急速に広まっていきました。

さて、その交際の方法ですが、定義は緩やかに変化していっているのが現状です。

パパ活とは、女性が男性とデートし、その対価として金銭の援助を受けること。昔は、お金持ちの男性に囲われる女性を〝愛人〟と呼んでいましたが〝パパ活女子〟は、そのライト版、カジュアル版とでも表現するとわかりやすいでしょうか。

デートの内容に決まりはなく、交渉の余地を残しながらも、基本的には女性側が設定した条件に男性が沿う形になります。食事やお酒に付き合うだけという女性もいれば、大人の関係、つまり性行為までＯＫだという女性もいます。

しかし、パパ活という言葉が生まれた2014年頃は、性行為の含まない関係を、援助交際や売春と区別するために〝パパ活〟と呼んでいました。しかし、メディアでの報道によりその関係がメジャーになればなるほど、行為も過激化し、近年は性行為を含む関係のほうが多いのが現実です。

もともとパパ活は、港区に存在する〝港区女子〟や〝キラキラ女子〟の間から始まったとされています。ラウンジでバイトするような、容姿が端麗で、おしゃれな女性たちです。SNSで輝いていた彼女たちは、同世代の女性たちの憧れの存在でした。そのため、彼女たちから始まったパパ活は、都心から地方へと、憧れられる一部の女子から普通の女子へと波及していき、市場規模は急速に膨らむこととなりました。

その急拡大を促したのが、出会い業者が競うようにリリースした、パパ活系のマッチングアプリの数々です。

スマホで簡単に登録できて、お小遣いがほしいときに、簡単にパパ探しができる上、ほとんどのアプリが無料（男性は有料）で使うことができます。お金持ちの男性の人脈がない普通の女子でも、お小遣いをくれるパパと出会えるようになったというわけです。しかも、アプリに登録するだけで。

その気軽さが、女性たちのパパ活に対するハードルをグッと押し下げたことは間違いありません。

パパ活は今や、学生などの若い女性がお小遣いを稼ぐための手段という域を超え、会社員を始め看護師や幼稚園の先生といった専門職、キャバクラ嬢やガールズバーといった水商売の女性からパート主婦にいたるまで、様々な女性の〝副業〟と捉えられるまでに広まっています。

同時に近年では、お酒の相手をすることで対価を得る〝ギャラ飲み〟、会わずにオンライン上で相手をするだけの〝リモートパパ活〟といった形態も登場しています。つまり、パパ活の細分化が進み始めていのです。

パパ活している女性の割合や月収は？

では、実際にパパ活をしている女性というのは、世間にどの程度の割合で存在するのでしょうか。

「パパ活をしていますか？　もしくは過去にしたことがありますか？」という問いに答

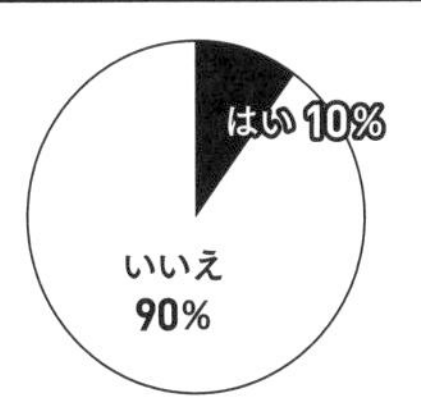

	はい	いいえ
20代	12.4%	87.6%
30代	8.8%	91.2%
40代	6.9%	93.1%

■はい □いいえ

出典：e-venz調べ（独身女性3000人へのアンケート調査）

えた女性は、おおよそ10％です（図D参照）。つまり、あなたの周囲にいる独身女性の10人に1人がパパ活をしている、もしくは過去にパパ活をした経験があるということになります。これは、かなり多い数値だと感じるのではないでしょうか。

年代別のデータを見ると、やはり20代が最も多く12・4％ですが、40代でも6・9％がパパ活経験者です。若いほど、お手当の金額を高く設定できるのが現状であるため、それも20代パパ活女子を増やしている要因でしょう。

年齢が上がるにつれて経験者の割合が減っていきますが、40代でもパパ活需要があるということは、おそらくは50代にも広

図E　パパ活の月収

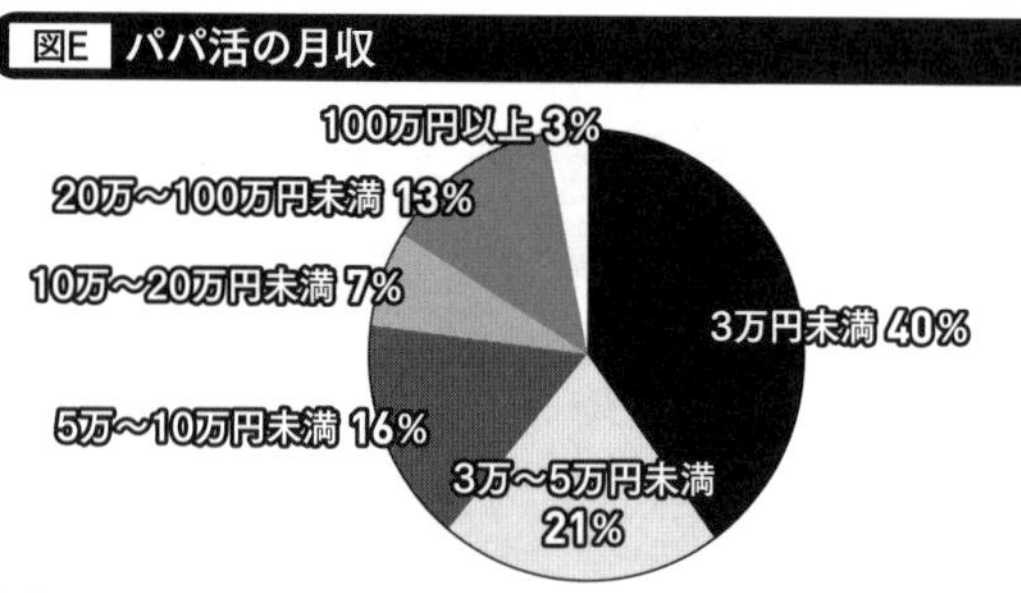

出典：e-venz調べ（独身女性3000人へのアンケート調査）

がっていると考えられます。パパ側にも幅広い世代がいるということでしょう。

次は男性が気になるお手当についてです（図E参照）。パパ活収入が100万円以上という女性は3％。〝失われた30年〟と言われる平成・令和不況の中にあっては実感の湧かない数字ですが、これだけの高収入を得ているパパ活女子が少数ではありますが、存在するのも現実のようです。

ちなみに、10万円以上までを含めてもパパ活だけで生活できるような金額を稼げているのは23％と少数派です。かたや「10万円未満」が77％と大半で、中でも「5万円未満」が半数以上の61％を占めている点は注目に値します。5万円未満という数字はまさに〝お小遣い〟〝副収入〟と呼ぶべき金額だからです。

愛人を囲うことが男のステイタスだったのは、今は昔。

高級マンションをあてがわれ生活費一切の面倒をみてもらい、プレゼントにダイヤのアクセサリーやブランドバッグが与えられる……そんな愛人像は昭和の話であることが、如実に表れた結果と言えるのではないでしょうか。

パパ活で使われる隠語とは？

先述した通り、パパ活はツイッターなどのＳＮＳやアプリを利用する若い女性を中心に広まってきました。若者が同世代同士で情報をやりとりする際には、いわゆる〝若者言葉〟が存在します。

パパ活に関しても例外ではありません。文字から想像できる言葉から、一見しただけでは意味不明な言葉まで、特徴的なものをいくつかご紹介していきましょう。

・Ｐ活＝パパ活。Ｐのみの場合はパパを指す。
・ＰＪ＝パパ活女子。
・飯Ｐ＝食事をするだけのパパ。

・細パパ（細Ｐ）＝少額しか払ってくれないパパ。
・太パパ（太Ｐ）＝気前よく大金を援助してくれるパパ。
・神パパ（神Ｐ）＝太パパと同義。スーパーリッチＰも同義。
・新規パパ（新規Ｐ）＝新しいパパ。「新規パパ募集」のように使用する。
・定期パパ（定期Ｐ）＝定期的に一定の額を援助するという契約をしたパパ。
・都度Ｐ（都度）＝お手当をその都度支払うパパ。
・月極パパ（月極Ｐ）＝お手当をひと月ぶんまとめて支払うパパ。
・ガチ恋パパ（ガチ恋Ｐ）＝相手に恋心を抱いてしまうパパ。迷惑、痛いという意味で使われることがほとんど。
・好きＰ（彼Ｐ）＝お金と割り切っていたはずなのに、好きになってしまったパパのことを指す。
・地雷Ｐ＝ドタキャンや冷やかしなど、迷惑行為を常習的に行うパパ。
・大人（大人の関係）＝セックスありを示す。
・円（サポ・割り切り）＝「大人」と同義。
・食い逃げ＝男性が、食事代やお手当を払わずに逃げること。

・やり逃げ＝大人の関係を持ったのにお手当を払わずに逃げること。
・業者＝パパ活女子個人を装った風俗業者。援デリ、闇デリ、裏デリとも言う。
・魔法＝睡眠薬などを使用されてレイプされること。「魔法かけられて警察に通報した」などと使用。
・お手当＝デートや性行為の対価として支払われるお金、ギャラ。
・イチゴ（苺・１・５）＝１万５０００円。
・諭吉（１・０）＝１万円。「１諭吉」、「２諭吉」と使用する。
・ホ別＝ホテル代別。

寿命が短い若者言葉のこと。こうして本書を執筆しているうちにも新しい言葉が生まれ、消えているに違いありません。しかし、パパ活に関して言えば、若者言葉というだけでなく、〝隠語〟としての意味合いも果たします。むしろ後者のほうが強いともいえます。

なぜなら、出会い系サイト、アプリなどでパパを募集する際に、「3万円くれればセックスもOKです」などと書き込めば、そのメッセージは運営サイドによってすぐ削除されてしまいます。パパ活女子たちは、運営サイドが定めた削除対象ワード検索から逃れようと、隠語でボカしているというわけなのです。

パパ活は違法か合法か

なぜサイトやアプリ上では、あからさまな表現が削除されるのでしょうか。それは出会いを提供する運営者が「インターネット異性紹介事業を利用して児童を誘引する行為の規制等に関する法律施行規則」、通称「出会い系サイト規制法」により、警察の指導、監督の下にあるからです。

この規制の目的は犯罪から児童を保護すること。そのため、売春を誘発するワードを放置する運営会社は摘発を受けることになります。逮捕されるのはサイトの運営者で、たとえ摘発対象のサイトを利用していたとしても、利用者が逮捕されることはありません。

では、パパ活そのものは違法なのか、それとも合法なのでしょうか。パパ活は金銭が介在する男女関係だけに、そのあたりを心配される人も多いのが現状です。

結論から言えば、解釈が分かれるところではあります。けれども、パパ活が、本来の意味でのパパ活であれば、基本的に犯罪ではなく処罰するような法令もありません。

例えば、ネットで知り合った女性に、一緒に食事やカラオケに行ってもらい、時間を割いてくれたことに対するお礼として金銭を渡す。この行為が犯罪になるはずがありません。

では、パパ活女子と金銭が介在する肉体関係を持ったケースはどうでしょうか。

金品を支払って性行為をすることは売買春に当たります。そのため「売春防止法」で取り締まられている行為に当たれば違法となります。売春防止法で定められた売春行為とは、「対償を受け、又は受ける約束で、不特定の相手方と性交することをいう」と法律で定められています。つまり、1人の相手と定期的に会い、お小遣いをもらうのであれば、売春には当たらないとも解釈できます。

また、もし売春に当たったとしても、逮捕されるのは売春行為をあっせん、または売春行為を行うための場所を提供した者とされています。つまり、買う側、売る側には罰則がなく、逮捕もされることがないのが現状です(ただし、男性が性行為を前提に金銭を提示してパパ活女子を募集した場合は売春あっせんにあたる可能性があります)。

それ以前に、パパ活デートの延長線上で体の関係を持ったとしても、お互いの同意があれば、〝自由恋愛〟になると解釈もできます。

しかし、全てのパパ活が法に触れないわけではありません。「知らなかった」と言い逃れすることすら非常に困難で、逮捕される可能性も非常に高いケースがあります。それは18歳以下の未成年と性行為を行った場合です。

この場合、児童福祉法違反、児童買春・ポルノ禁止法違反、各都道府県の青少年健全育成条例違反といった罪に問われる可能性があります。

しかも、未成年の場合は、性行為がなくても罪になる可能性があります。例え同意があっても、車で連れ回したりすれば、未成年者誘拐罪に問われる可能性はゼロではありません。

現在、未成年保護という観点からSNS上でも警察の監視や取り締まりが強化されています。ツイッターなどのSNSでパパ活女子と検索すれば、未成年者と見られる書き込みも数多くあります。意図せずとも、関係を持ってしまうリスクは一定程度あるのです。

その点で、利用料が発生しても、18歳未満の利用を禁止するパパ活アプリを利用するほうが安心だと考える人もいるでしょう。「シュガーダディ」や「ペイターズ」などのマッチングアプリは、「出会い系サイト規制法」を遵守しており、「警視庁に『異性紹介事業届出』を行ったうえで運営」「会員全員に年齢確認があり、18歳未満は利用できない」「運営による24時間365日の監視パトロールによって悪質会員を取り締まっている」と謳っています。

場合によっては違法になるケースもありますが、解釈次第では合法になる。そんなグレーな存在がパパ活の実態なのです。

女性がパパ活をする動機とは？

若い女性の間で流行し、今やアラフォー、アラフィフ世代の女性まで、幅広い年代層に広まったパパ活。女性たちの共通の目的は〝お金を稼ぐこと〟ですが、パパ活を始めた動機については、年代間で若干の違いがあるようです。

まずは20代からみていきましょう。

「自分のお給料じゃ買えないブランドのバッグとか、話題になってるけど値段が高くて手が出しにくい高級コスメとか。パパ活すれば、そういうのも買えたり、時にはプレゼントしてもらるかなって。周りに自慢できるじゃないですか。友達がインスタに高級レストランで撮った写真をアップしてたりしてリア充アピールしてたりすると、負けてられないっていうのもありますね」（アパレル勤務・25歳）

20代には、パパ活をすることでリッチな体験してみたいという願望を持つ女性が多いようです。それもつまりは、インスタに〝映える〟写真をアップし「いいね」を集めたり、周囲から羨ましがられるようなブランドバッグなどを持つことで承認欲求を満たすため。生活のほとんどがSNSを中心に回っている、20代ならではの動機といえます。

また、他にもこんな声もあります。

「奨学金を払っているので、お給料だけだと生活がカツカツ。貯金も全然できないんですよね。パパ活は一気に万単位のお金が入るし、自分の好きなタイミングでやれる副業って感じ。だから、パパ活で稼いだお金を貯金に充てたり、推し活とかに使っています」（大学生・21歳）

と奨学金が理由となる人も多く見られます。

では、30代のパパ活女性はどうでしょうか。

「現在、彼氏はいません。好きな人もいない状態で、自分でも、このまま結婚しない可能性も出てきたなと思ってて。とりあえず、マンションを買うための頭金稼ぎにパパ活を始めました。大人の関係はありにしています。そのほうが稼げますから」（IT企業勤務・35歳）

「結婚5年目なんですが、離婚を考えるようになりました。2年後に離婚することを目標に、子どもとの当面の生活資金を貯める手段としてパパ活をしてます」（33歳・主婦）

年齢を重ねるにつれ、抱える不安や問題がお金のかかるものになってきます。パパ活で不安や問題を解消するために利用しようと考えている女性が少なくないようです。

また、「マンションの購入資金に充てたい」「離婚資金」というように、より生活に近い部分の必要性のある人も少なくありません。承認欲求を満たす20代と違って、〝地に足のついたパパ活〟が増え始めるのもこの世代の特徴です。

最後は40代。〝不惑〟は40歳を指す言葉で、「迷いがない」という意味で使われますが、女性として〝戸惑い〟を感じる年代なのかもしれません。

「夫とはセックスレスが続いていて。更年期に入って、このままだと女として終わっちゃうんじゃないかという危機感があり、パパ活をはじめました。パパ活であれば、不倫にならないいんじゃないかな？　相手も自分も体だけのお付き合いという感じになれる

んじゃないかな?と思いまして」(46歳・主婦)

各年代の女性の証言を世代別に特徴付けるように紹介しましたが、〝パパ活する動機〟はまさに十人十色なのです。

パパ活のお手当相場は?

パパ活を実際にしなくとも、〝お手当の相場〟は気になる話題ではないでしょうか。多くの場合、女性から条件として「食事のみで1諭吉(1万円)」などと提示され、それに男性が承諾すれば交渉が成立します。

しかし、相場というものはやはりあります。ただし、単純に表示できるものではありません。デートの内容、場所(都市部なのか地方なのか)、女性の年齢、ルックスといった要因が複合的に組み合わさって算出されるからです。

ここでは、わかりやすいようオーソドックスな比較例を挙げていきましょう。デート内容による、都市部(東京・大阪)と地方(名古屋・福岡などの地方都市も含む)の相場は次の通りです。

お互いに判断するため1度お会いしましょうという〝顔合わせ〟の相場

都市部＝5000〜1万円（ボリュームゾーンは5000円）
地方＝3000〜8000円（ボリュームゾーンは5000円）

デート（性行為なし）1回の相場

都市部＝5000〜2万円（ボリュームゾーンは5000〜1万円）
地方＝5000〜1万5000円（ボリュームゾーンは5000〜1万円）

デート（性行為あり）1回の相場

都市部＝1万5000〜10万円（ボリュームゾーンは2万〜2万5000円）
地方＝1万〜8万円（ボリュームゾーンは1万5000〜2万円）

これを基本に、女性の年齢やルックスを考慮します。

都市部で性行為ありとした場合、単純に言えば若くてモデル級の美人なら8〜10万円、言葉は悪いですが年齢を重ねた、見た目のあまりよくない女性なら1万5000円となります。

また、都市部より地方の相場が安いのは、家賃などの物価や生活費に比例します。東京で月30万円かかる暮らしを福岡に移すと20万円強になるといわれますが、それと同様です。東京で3万〜5万円レベルの子が、福岡なら2万〜4万円と、概ね1万円程度の差が生じるようです。そのため、頻繁に出向く出張先でパパ活女子をキープしていると いう会社員男性も少なくありません。都内で働いているある男性は、出張に合わせ地方でパパ活女子探しをしているそうです。曰く、「相場は安く、かつ東京の女性に比べて性格も擦れていないので良いことずくめ」とのこと。

一方、社会・経済情勢の変化はパパ活相場を確実に変動させます。コロナ渦、過剰なインフレといった要因はパパの絶対数を減らし、逆にパパ活に参入する女性を急増させる原因になっています。結果、不況時ではパパ活女子の供給過多という状況になり、当然相場は下がります。

パパの条件はお金持ちだけにあらず！年収300万でもパパになれる⁉

パパ活する女性なら誰しも「できれば太パパ（大金を援助してくれる気前のいいパパ）をゲットしたい」と考えるものです。しかし、月に50万、100万といったお手当をポンと出してくれる景気のいいパパを射止めるのは至難の業。

ただし、現代のパパ活においては、1人の女性に援助しているのは、1人の男性とは限りません。

パパ活で得る月収には、複数人の男性と同時進行で交際した合計金額である場合が含まれます。つまり、パパ活月収が「3万円未満」だという女性の中には「月に1万5000円を援助してくれるパパが2人いる」という女性が含まれているのです。

これは、男性側の立場から言い換えれば「お金持ちだけがパパとして認められるわけではない」ということ。むしろ、パパ活市場を下支えしているのは「月2万円程度なら支払える」という年収400～600万円前後の中間層の男性であり、極端に言えば年収300万円の男性でもパパ活女子と関係を持てるということです。

とはいえ、1回1万5000円で体の関係まで求めるとなると、相手に対して贅沢は言えないもの。ですが、必ずしも若い美人が良い相手であるとは限りません。

「38歳の女性と1回1・5万円の約束で月イチペースで会ってます。見た目は決して美人とはいえませんが、私にとって何より嬉しいのは、彼女が大人の関係においても積極的だということですね」（48歳・独身会社員）

なんていう声もあるのが実際のようです。

パパ活のデートってどんなもの？　ギャラ飲みとは？

ここからは、パパ活で実際に行われるデート内容を紹介します。

デート内容は大きく分けて2つ、体の関係があるか、ないかに区別されます。まずは、性行為を含まない場合です。

パパ活でのデートでの定番は、2時間程度の食事デートです。

経営者やオーナーなどの、太パパをゲットしたパパ活女子は、高級ホテルや星付きレストランのディナーもあるかもしれません。しかし実際は、パパ活女子の多くが庶民的なデートをしています。

「ミシュランに掲載されているような高級レストランなんて、連れて行ってもらったことないですよ。焼肉屋なら游玄亭じゃなくてキンタンとかそんな感じ。下手に高級なお店に連れていかれて現金がもらえないっていうんだったら、お手当のほうに回してほしいという本音もありますね」

そのほか、性行為を含まないデート内容はカラオケボックスやドライブデートなど。ごく普通のカップルがするような感覚でデートを楽しんでいるようです。

そして、デートではありませんが、性行為を含まないパパ活という意味で挙げておきたいのが〝ギャラ飲み〟です。

ギャラ飲みとは、パパ活から派生した副業の一形態で、酒席をともにし、話し相手となることで対価を得るものです。

キャバクラのお店なし個人営業版、合コンのお手当ありバージョンと言えばわかりやすいかもしれません。

ギャラ飲みを希望する女性の多くは、ギャラ飲み専門のマッチングアプリに登録して、男性からの指名を待つのが1つのパターン。もう1つが、ギャラ飲みを主催する顔の広い女性とつながって呼んでもらうというもの。基本的にはこの2つのパターンで開催されています。

ギャラ飲みは、「単純にかわいい女の子と喋りながら楽しく飲みたい」「1人で食事をするのが寂しいから付き合ってほしい」「飲み会のメンバーが足りなくなったため一緒に参加してほしい」「接待で利用したい」といった男性たちに重宝されています。

年代は30代〜50代と幅広く、年収は総じて高め。高級キャバクラよりちょっと安く遊べ、素人の女の子たちと話せるという部分に好奇心をもつようなタイプがメインとなっています。

中には、若い女の子と話せるということで、マーケティングに利用している経営者などもいます。

ちなみに、代表的なギャラ飲み専門アプリには「グラス」「パト」「アイマ」といったものがあります。いずれも女の子のレベルに応じて料金プランが分けられており、1時間1000円台から1時間3万円台と大きな幅があります。

さらに、ギャラ飲みに参加したい全ての女性が登録できるわけではなく、運営サイドで写真・面接審査が行われているとのこと。そのため、女性のレベルはかなり高くなっています。

「夢を叶えるために副業でギャラ飲みをしている女性、特技を持っていてフリーランスで働いているため時間に融通がつくからとギャラ飲みをしている女性など、話していて刺激を受けるタイプが多かった印象です。それで容姿もいいので、この金額を払う価値はあるなと思いましたね。キャバクラとはまた違った遊びができるのではないでしょうか。レストランでの合コンスタイルだけでなく、タワマンのパーティルームでの食事会に呼んだこともありますよ。どっちかというと、タワマンパーティとかのほうが楽しく遊べる気がしますね」

実際利用した人はこう話します。素人だからと侮れないのが実情のようです。

しかし、このように安全に楽しく遊べるケースばかりではありません。注意したいのが、ツイッターなどの匿名性の高いSNSを利用する個人間でギャラ飲みのセッティングが行われるケースです。

「男性が酔っ払い、ひどいセクハラを受けた」

「帰り際にホテルに連れ込まれそうになった」

「トイレに行くと席を立ったきり逃げられ、報酬をとりっぱぐれただけでなく、食事代まで支払わされた」

こうした悪質なギャラ飲みに巻き込まれる女性もいるようです。間を取り持つ者がいない分、このようなトラブルに発展し、泣き寝入りする女性もいます。

逆に、男性側が被害に遭うケースもあります。

「かわいい子を揃えると言っていたのに、全員ブスばかりで最悪でした。話もおもしろくないし、なんでこっちがお金を払って気を使って、飲み会を盛り上げなければならないんだとガッカリしましたよ」

「女性たちはたかる気満々。高いものばかり注文されて、コースと飲み放題にしておけばよかったとうんざりしました」

これならまだいいほうで、犯罪のようなケースまであります。

「行きたいバーがあるからと連れて行かれたのはボッタクリバーだった」

「お触りなんて一切していないのに、体をまさぐられたと示談金を要求してきた。そんなことしていないと言い張ったら、『じゃあ、彼氏に電話する』と。美人局かと思いましたよ」

個人間のやり取りは業者が入らない分、安く上がりますが、悪質なトラブルがないとは限りません。安全に楽しくギャラ飲みをするなら、専門アプリを利用したり、紹介者を入れるほうがよいでしょう。

隠語が飛び交う「大人の関係あり」のパパ活

できれば体の関係を持たずにパパ活したいという女性が多い一方、パパ活市場には一定数、最初から大人の関係を含む風俗行為を辞さない女性がいます。彼女たちがそこをNGにしない理由は明白です。

「肉体関係があったほうが、客単価が上がるじゃないですか」（26歳・フリーター）

性行為なしのデートのお手当相場が5000円〜2万円であることに対し、性行為ありの場合は相場が3万〜10万円にまで跳ね上がります。

よほどの美人でない限り、高額のお手当を得るのは難しいのが現状なのです。しかもパパ活市場は男性が買い手市場。高い競争率をかい潜り、少しでも多く稼ごうとすると、体の関係を持って単価を上げようという結論を出す女性がいてもおかしくありません。

アンケートで「月15万円〜20万円以上は確保している」と答えた女性の大半は、性行為ありのパパ活をしているケースだと言えるでしょう。

なぜなら、デートのみで1回5000円条件の女性の場合、15万のパパ活月収を得るためには30日間稼働しなければなりません。1か月間日替わりでパパを見つけてデートすることは不可能です。

また、性行為に重心を置いたパパ活には別のメリットもあるようです。

「私の場合、ホテル待ち合わせをしています。そして、終わったら現地解散パターン。だから、周囲にバレづらいんですよね。もし年の離れたオジサンと腕組んで歩いてるところを知り合いに見られたらヤバいじゃないですか」(26歳・看護師)

このように最初から性行為ありのパパ活女子を望む女性はいるのです。それはキーワード検索、ハッシュタグ検索で見つけることができます。

運営サイドに消去されてしまうため、あからさまに「セックスOK」とは書かれていません。パパ活独特の隠語があります。それは、「大人の関係」「円」「プチ」「サポ」「ホ別」といった単語。これが性行為ありのパパ活を意味します。

念のために解説すると、「大人の関係」とは、字面の通り〝割り切った大人の関係〟という意味で使われます。「円」は援交の〝えん〟。「プチ」は本番を除く風俗行為を意味し、「サポ」はサポート（援助）、「ホ別」はホテル代別という意味です。

最初から「大人の関係あり」の女性は業者の可能性も!?

性行為を表す隠語などを覚えてしまえば、最初から大人の関係ありでOKというパパ活女子がいるなら、そっちのほうが話は早いと考える男性も多いでしょう。しかし、うまい話には必ず罠も潜んでいます。

パパ活アプリや出会い系サイト、特に無料の出会い掲示板には〝業者〟が潜んでいるのです。

「プロフ欄には〈大人、話の早い人〉と書いてありました。写真を見るとスタイルも抜群だし、アポが取れたときは興奮しました。ところが、待ち合わせ場所に現れたのは、写真とは明らかに別人の太った子だったんです」（40歳・会社員）

この会社員男性をダマしたのは〝業者〟つまり〝援デリ業者〟です。警察に無届で違法にデリヘル営業している闇業者です。

業者が抱えているのは、ホスト遊びなどで首が回らなくなった女性や適法営業をしている風俗の面接に落ちた女性たち。そして、SNSのプロフィールやグラビアから勝手に取ってきた写真を使い、女性のフリをして出会い系サイトにメッセージを書き込みます。男からコンタクトがあれば、メッセージのやりとりをして、デリヘルのように女性を送り込んで本番行為をさせるのです。

最近では、アジア系の外国人を「日本人」と偽って、マッチングさせる援デリ業者もいます。「自宅に遊びにきて」と誘われて、ほくほくと向かったところ、そこは郊外のアパートの一室。ドアを開けたら東南アジア出身の人のような外見で、カタコトの女性が出てきたというケースも出てきています。

では、事前に業者を見分けることはできないのでしょうか。様々なプロフィールを分析したところ、次のような女性は業者の可能性が少なくありません。

・モデルのような美人が顔出ししている写真を使っている。
・胸の谷間やスタイルを強調した写真を使っている。
・好みの男性の年齢幅が広い（20歳～60歳など）。
・メッセージで過剰に性的なアピールをしている。

・すぐに会いたがる。
・別のサイトに誘導してくる。

業者の作った偽アカかどうかを見定めるために、ウインクやピースなど、ポーズを指定した追加写真や動画をリクエストするという方法で危機回避を試みる人たちもいるようです。

パパ活女子はどこに生息している？

様々なパパ活女子について解説してきましたが、彼女たちは一体どこに生息しているのでしょうか。

パパ活女子は、大きく分けて2つの場所に生息しています。ネットとリアル。その2つのルートから見つけ出すことができます。まずはネットから探し出す方法です。

ツイッター他、SNS

いわゆる〝裏アカ〟をパパ活専用アカウントにした女性たちがいます。業者も一部いますが、個人的にパパを募っている女性も多くいます。パパ活女子を検索するには……#p活（#パパ活、#パパ活女子、#pj、#p募集、#パパ募集、#P活、#大人、#大人の関係、#円、#プチ、#サポ、#サポート、#ホ別、といったハッシュタグ検索が有効です。ただし、個人間のやり取りになるため、未成年、盗難、美人局、オヤジ狩り、詐欺といったトラブルに巻き込まれる可能性があります。

パパ活掲示板などのネット出会い掲示板

パパ活したい男女が募集メッセージを書き込めるネット上の掲示板です。気に入った女性にメッセージを送ることができ、返事がくれば個人的に交渉できるシステムです。誰でも無料で使えますが、ツイッター同様にやり取りは個人間のため、トラブルに巻き込まれる可能性があります。また、女性にとってもリスクがあるため、利用者は決して多くありません。女性の質が低い傾向もあります。

出会い系サイト

システム自体は出会い掲示板とあまり変わりませんが、こちらは男性に料金が発生します。女性の利用者が多いものの、業者が潜んでいる可能性も高くあります。

パパ活専門アプリ

パパ活したい男女をつなげてくれるマッチングアプリです。男女ともプロフィールを掲載し、お互いが「いいね」をしてマッチングすることで、直接メッセージが送れるようになる仕組みです。男性には月額３０００〜１万円程度の利用料が発生します。24時間体制の監視システムや身分証の提出による年齢確認制度、会員同士の通報制度など、しっかりした運営体制がしかれているのも特徴です。パパ活専門アプリには、シュガーダディ、ペイターズ、ラブ&、ＰＪといったものがあります。

一方、対面での出会いには、以下のような方法があります。

交際クラブ（デートクラブ）

交際クラブは入会金（2万〜30万円）、年会費（2万〜10万円）、セッティング料（2万〜5万円）と高額です。男女ともに審査があり、会員の高い質が保証されているのが特徴です。女性には、経済力に大きな余裕があるパパを探すのに最適というメリットがあり、男性にとっては、芸能人レベルのルックスの女性とデートできるメリットがあります。

ラウンジやガールズバー

パパ活を兼ねて飲み屋系で働く女子は少なくありません。ただし、彼女たちのほとんどが求めているのは金払いのいい〝太パパ〟。店内で交渉するのはルール違反です。同伴やアフター時に交渉する人が多いようです。

パパ活パーティ

パパ活パーティは、パパ活を希望している大勢の男女が集まるパーティです。実際に顔を見て話しができるため、ネットのように「期待していたのと違う」ということがないメリットがあります。パーティは業者が主催するものと、個人同士の完全紹介制のものの2つがあります。ネット上などで一般募集されているパパ活パーティは主催者の身元が不明のケースもあり、トラブルに巻き込まれることもあるようです。とはいえ、個人が主催する紹介制のものは安心ですが、そこに辿り着くまでが至難の技で、参加費も総じて高い傾向があります。主催する業者が不明瞭なパーティに参加したところ、「パパ活パーティだと思って参加したら乱交パーティだった」「数人に囲い込まれてビジネス勧誘された」というケースもあるそうで、危険が伴う行為といえるでしょう。

「個人モデル」琴美（26歳）のパパ活事情

昨今、インスタグラムなどでモデルとして活動している女性たちがいます。#フリーモデル　#個人モデル　などの#をつけて活動している人たちです。カメラを趣味にしている人たちの被写体になったり、事務所に所属しないモデルとしてちょっとしたお仕事をしているのです。

琴美さんもそんな個人で活動するモデル。とはいえ、人気があるわけではなく、モデルとしてもらえるギャランティも多いわけではありません。しかも、そのモデルの依頼も毎日のように入るわけではないのですから、生活は楽ではありません。

そんな彼女にとって最適な副業なのが、〝パパ活〟です。

「パパ活を始めたのは2年前。モデルの肩書に食いついてくれる男性は多いので助かってます。パパ活してるモデルさんは多いですよ。もちろん人気モデルとかじゃないですよ。私みたいなフリーのモデル。だって、モデルだけだとなかなか暮らしていけないですから」

ちなみに、琴美さんが提示しているお手当は1回3万円。モデルという肩書があるにしては安いようにも思えますがどうなのでしょうか。

「私の場合は薄利多売を狙っているんです。そのほうが確実にパパをゲットできるし。それに、あまり多いお金を払うと、男性ってそれなりのものを求めてくるじゃないですか。そこが負担で。だったら安くして、気軽にお付き合いできたほうがいいなと」

そんな琴美さんは現在5人のパパと同時並行で付き合っているそうです。そのため、ダブルブッキングしてしまう週末もあるそう。

「そういう時は、ランチとディナーと分けて会います。バイバーイって1人のパパに手を振った直後にタクシーに乗って、次の待ち合わせ場所へ……。そんな感じです。さすがに疲れるので、そういう日の次の日は、モデルの仕事もオフにしてエステやマッサージに行って、のんびりすることにしています。自己投資を兼ねてね」

パパ活をしてから自分磨きができるようになったため、周りから「きれいになったね」と言われるようになったといいます。

「パパ活収入でゆとりができるようになったので、モデルとしてもう少し売れたいなというのもあるので、プチ整形をしようかと考えています。でも、きれいになっても、あんまり高いお金でパパ活するのは気が引けるんですよね。なんだか面倒くさそうで」

自分のライフスタイルや希望、気持ちに合わせてパパ活をするのが今時の賢い女性なのかもしれません。

若い男子の間で話題の「ママ活」とは⁉

世界的にジェンダー平等が推進される中、ジェンダーギャップ（男女格差）指数ランキングでは、日本は世界に大きく遅れをとり146か国中116位という状況ですが、着々と女性も経済力を身につけつつあります。

それは、平成後期以降、性を積極的に楽しもうとする女性が増加傾向にあることからもわかります。

昨今では、〝ママ活〟という言葉も登場。つまり、お金を支払って性行為を楽しみたいと考える女性が登場しているのです。言わばパパ活の逆バージョンです。

〈定期的に援助してくれるママを探しています〉と、ママを募る男性は20代の若者世代を中心に広がっています。

ママとなる女性は30代から50代で、コア層は40代前半から50代半ばの独身キャリアウーマンや女性経営者。年収は500万円以上であり、女性の中でもごく少数です。

厚生労働省の調査では、女性の一般労働者の平均的な賃金は最も賃金が高い50〜54歳でも277万9000円で、ママになろうとする女性は市場規模からしても非常に少ないのが実際だといえるでしょう。

さて、ママ活とはどんなものなのでしょうか。

ママ活男子はママとデートをし、その対価として金銭を得ます。パパ活において、デートのみでOKと言いながらも大人の関係を期待する男性が多いのと同様、若い男性との大人の関係を期待してママ活する女性がほとんどです。

ママ活で男性が得るお手当の相場は、パパ活相場よりもやや安い程度。そこまで大きく変わりません。

そして、ママ活においても、重宝されているのがマッチングアプリです。中でもママ活専用を謳うアプリは、すべての女性会員がママ活目的であるため話が早いのが最大のメリットです。ただ、女性会員数が少ないため男性同士の競争率が高いのが現実です。

ちなみに、ママ活専用のマッチングサイトでは「ママリッチ」、年上女性と年下男性をつなげることに特化した、いわゆる〝ママ活向きアプリ〟としては、「シルク」「スイートメモリー2」などがあります。

ママ活で働く男性にはどんな人たちがいるのでしょうか。多くが学生のバイト、会社員の副業などで、中には専業の人もいます。ホストを志したもののお酒で体を壊した、出張ホストをやっていてママ活も流行り始めたので乗り換えたというケースがあります。

若い男性が、「おもしろそうな仕事」だと好奇心を持って入ってくるケースが少なくありませんが、仕事の内容は、高度なテクニックが必要とされます。極端な言い方ですが、男性が下半身で恋をするのに対し、女性は脳で恋をすると言われている通り、ママ活で稼ぐには、女性がどんな精神状態でいるかを察知する洞察力が必要なのです。

男性に甘えたいのか、愚痴を聞いてもらいたいのか、疲れているので癒やされたいのか。同じ女性でも、そのときどきによって精神状態は揺れ動くもの。その辺りに気を配れるようでないと務まりません。つまり、「お金をもらってHできる」という下心だけでは成り立たないのです。

さて、実際にママ活をしているママ活男子に、お仕事について聞いてみました。

「会う前段階でメールのやり取りをする際に、少ないワードの中でママの心中を読み取ることを大切にしていますね。なので、自然に、『なんで僕に声をかけてくれたの？』『どんな風に過ごしたい？』と相手が望むことを見抜けるような質問をしています。そうすれば実際に会った時に、自分がどんな男を演じればいいのかが見えてきますよね」

（26歳・元ホスト）

彼曰く、どんな女性であっても共通して心がけなければならないことがいくつかあるといいます。

- 相手に爽やかな印象を与える身だしなみを心がける。
- 男性は女性を本当の恋人のように大切に扱う。
- デート後はすぐに男性からお礼の連絡を入れる。
- ほとんどの女性が話し好き。女性が話し始めたらしっかり聞き役にまわる。

パパ活で、ルックスがかわいければ黙っていても稼げるのと同様、ママ活でもイケメンが有利な傾向があります。しかし、フツメンは稼げないのかというと、そうではありません。女性のメンタル面を満足させる方法を知っていれば、雰囲気イケメンでも十分務まるといいます。

パパ活同様、ママ活でもトラブルになるケースもあります。最も多いのが、ママ活を装って詐欺をする悪質なママ活詐欺です。

ママ活アプリは運営サイドが監視体制を敷いていますが、詐欺・業者がゼロだとは言い切れません。

ママ活詐欺はいくつかの特徴があります。

- ほかのサイトへ誘導してくる。
- 「初回2万円は相性を確かめましょう」などと女性から金銭を要求してくる。
- やたら美人でセクシーな女性が積極的にメッセージを送ってくる。
- 実際に会った時に、「お金が稼ぎたいんでしょ？　ママ活するよりもこっちのほうが稼げるよ」などとマルチビジネスや投資商品を勧められる。

このような場合は、ママ活相手を募集するフリをした悪質な詐欺・業者の可能性が高いといえるでしょう。

また、サイト登録時などに登録料が必要だと金銭を要求されるサイトやママ活業者もあります。こういった形の詐欺も出てきています。

多様化する「○○フレンド」という男女関係

最近、20代男性の恋愛事情が話題になりました。2021年6月14日に内閣府が公表した『令和4年版男女共同参画白書』によると、20代男性の65・8％が独身の上に恋人がいない、39・8％がデート経験がゼロであると答えています。女性は、51・4％に夫や恋人がなく、デート未経験者は10人中2・5人。その調査結果が報道され、中年世代がざわついたのです。「恋愛したくないの?」「いや、セックスしたくないの?」と。

若者たちは実際どんどん恋愛離れしているのでしょうか。

2015年頃から20代男女を中心に「CKP」（＝ちょっと恋人っぽい関係）という新たな恋愛用語が出現しました。そこには、相手のことを傷つけず、恋愛という精神的・肉体的な欲求を一時的に満たしたいという想いがあるようです。さらに言うと、関係解消や失恋したときの自分の負担も軽くしたいという意図もあります。
心理学者の平松隆円氏はニュースサイトに寄稿した記事で、若い世代の恋愛についてこう述べています。
「幼児期にアタッチメント（情緒的絆）の形成が満足できるものではなく、誰かがどこかに行ってしまうのではないかと不安を抱えている。それが恋愛におけるアタッチメントにも影響している。自分は愛される価値がないんじゃないかとか、相手はどこかに行ってしまうんじゃないかという不安が、相手を信頼することを踏みとどまらせ、わがままも言えなくさせてしまっている」（『マイナビニュース』２０１５年３月２日配信）
そんな現代を象徴するような20代の若者の事象があります。それは、友だちの定義を細分化していることです。中年世代には理解不能な「〇〇フレンド」が増殖しているというのです。その一部を紹介していきましょう。

・手つなぎフレ＝手をつなぐだけの異性関係
・カモフレ＝周囲に恋人を装うカモフラージュフレンド

・ビリフレ＝リハビリフレンド。失恋の傷をいやすための異性関係
・ソフレ＝添い寝をするだけの異性関係
・ハグフレ＝抱きしめ合うだけの異性関係
・オフレ＝お風呂に一緒に入る異性関係
・キスフレ＝キスだけをする異性関係
・オナフレ＝マスターベーションを見せ合うだけの異性関係

こんな「〇〇フレンド」を持つ人が増えているのだというのです。本人たちが納得しているなら、こういう関係ももしかしたらありなのかもしれません。

第4章

不倫から卒婚まで——新しい既婚者の出会い方

人生においてカップルでいることの意味とは？

人が出会いに求めるものも、出会いの形も、そしてパートナーシップの築き方も様々です。独身者である場合は、その〝様々であること〟が、世間的に批判されることはありあまりません。しかし、ひとたび結婚したとなると、配偶者以外の人と関係を持つことは批判されてしまいます。

とはいえ、結婚して家庭があるけれども、「夫や妻以外の相手との恋愛や体の関係を楽しみたい」という思いが生じることは、今に始まった事ではありません。

この章では、現在の既婚者の出会いについて中心に書いていきます。

まず、実は日本の結婚制度というものは、〝宗教とからまない〟という点において、世界の中ではかなり特殊な位置にあります。日本では、婚姻届を役所に提出するだけで、誰もが結婚できるシステムになっています。

しかし、国や地域によっては、役所や牧師の前で宣誓式を行ったり、神のためのセレモニーを行ったりしないと、結婚と認められないところもあります。そういったところでは、離婚についても宗教的な側面がからんでくるため、〝愛情がなくなったから離婚〟

〝相手が浮気したから離婚〟ひいては、〝相手がDVだから離婚〟というわけにいきません。

フランスでは法律婚の他に、手続きなどを簡略したユニオン・リーブルやパクスという制度があることで有名ですが、これはフランスが離婚を厳しく禁じるカトリックが結婚という法制度の基盤にあることと関係しています。結婚や離婚の手続きの煩雑さ、互いの宗教観などに鑑みて、そのカップルが「自分たちにぴったりのパートナーシップとは？」と考え、そして選びたいということから他の制度が生まれたといえるでしょう。

日本では、憲法によって特定の宗教を信じる自由も宗教を信じない自由も保障されています。そして、法律と宗教は分断されていることになっています（一部の法律は宗教的な思想がベースとなっています）。

しかも、もともと八百万の神があるとして、キリスト教やイスラム教のような一神教ではないこともあり、宗教が生活上のモラルになっていることもあまりありません。

つまり、日本は、個人の考えやその時代の民意が、恋愛や結婚の在り方を形づくっていく部分が大きいのです。

例えば、「結婚と出産に関する全国調査」（厚生労働省）では、「いったん結婚したら、性格の不一致くらいで別れるべきではないと考える」という項目を調査していますが、これについては、1997年で最も賛成が低く、近年は賛成が増えています。

昭和の時代では、夫婦の関係は夫の意思が強く反映されていたため、妻は夫の意思に従うものという意識が強く、「性格の不一致」というものが、離婚事由として大きかったのではないかと考えられます。しかし、男女平等の意識が進み、夫婦関係は、「夫婦が共に協力して作り上げるものである」という意識が定着してきた近年では、「性格の不一致程度では別れるべきではない」と考えるようになってきたのでしょう。もしくは「性格の不一致」ということ自体が起こりにくくなっているともいえるかもしれません。

同時に、この調査での設問では、「結婚前の男女でも愛情があるなら性交渉を持ってかまわない」「結婚しても、人生には結婚相手や家族とは別の自分だけの目標をもつべきである」という問いには、微増ではありますが、年々その考えに賛同する人が増えています。

結婚が、「愛情」によって「個人」が結びつき、2人が共同して夫婦関係を作り上げていくものという意識がそこに反映されているように感じます。

では、そんな現在において、既婚者が配偶者以外の人と関係をもつことについてはどのように捉えられているのでしょうか。

これについては、公的な調査がないため、民間調査をベースに解説していきましょう。

基本的に、既婚者が恋愛をしたいと考え相手を探そうとするとき、独身者に比べて抱えているものが大きくなります。それに伴い、出会いから交際まで全ての期間におけるリスクも大きくなります。

配偶者にバレて離婚されるリスク、離婚となったら有責配偶者は子どもを失うリスク、身内から批判されるリスク、職場にバレて社会的な信用を失うリスク、慰謝料を請求されてお金を失う金銭的なリスク……というように、上げてみると不倫はリスクが非常に高いのです。

ほとんどの人が、このリスクを恐れて出会いや恋愛を諦めるという判断を取るのでしょう。しかし、一方で、既婚者だからといって新たな出会いをあきらめなくてはならないのはおかしいと考える人たちもいるのも事実です。

「セックスレスが長く続いていたら配偶者以外の異性を求めるのが自然である」

「会話がないなどお互いに関係を維持する努力がなくなったら他に恋愛関係を求めてもいいのではないか」

「子育てから手が離れ、互いに愛情がなくなっていたら離婚までせずとも、お互いに新しい人と恋愛関係を築いてもいいのではないか」

こうした考えにより、「不倫」「婚外恋愛」「卒婚」などを選ぶ人たちが現れています。

新しい相手と出会いたいという人間の自然な欲望は、結婚という社会的制約で抑え切れるものではありません。

そのため、時代とともに生まれた便利なツールやコンテンツにより、既婚者の出会いの場も大きく変化し、そして結婚しても恋愛をする人が増えてきています。

ネットでの出会いが盛んになる以前は、既婚者の出会いの場は日常生活の輪の中に限られていました。職場、仕事帰りに寄るスナックなど行きつけの店、休日の趣味や習い事の場などで関係が深まるパターン……それらが王道です。久しぶりの同窓会で初恋の相手と……なんていうのも、よく耳にする出会いのきっかけでした。

しかし、日常生活の輪の中での不倫関係は、仕事や生活を壊してしまうという危険性が大きくありました。現代のネットシステムは、より安全に、より多くの相手との出会いを可能にしました。そして、不倫や婚外恋愛に求められるルールやコツといったものも変化してきています。

既婚者専用のマッチングアプリが続々登場

様々な出会い系サイトがありますが、近年、増えているのが「既婚者クラブ」をはじめとする既婚者専用のマッチングアプリです。

「人生は一度きり。不倫をしましょう」というキャッチフレーズを掲げ、2001年にカナダ発で開設した「アシュレイ・マディソン」という出会い系のSNSがありました。既婚者同士の交流を目的としており、日本でも大きな話題となりました。しかし、費用の高さがネックとなり、サクラが多く存在するとも言われていた中で、2015年に大きな個人情報流出事故を起こしたことから、急速に下火となりました。

また、あからさまに「不倫＝体の関係」を堂々と表に出した売り出し方に対し、気後れ感を抱いた人も多かったようです。その点も、日本人にとっては少々使いづらさがあったのではないかと思っています。

ただし、このサイトの登場は一定の評価がありました。それは既婚者同士が恋愛をしたいと思っているという潜在的なニーズを掘り起こしたことです。

特に、周囲の人間関係にバレないように、しかし安全に出会いたいという既婚者のある意味ワガママな要望との親和性が、ネットを利用したマッチングは高いと評価されたのでしょう。

「アシュレイ・マディソン」からユーザーが離れた後も、既婚者向けのマッチングアプリやマッチングサイトは、進化し続けてきました。というのも、基本的に婚活を目的とする〝恋人探し〟をするようなマッチングアプリやサイトでは、既婚者はNGです。過去には、独身者のふりをして参加する既婚者が既婚バレをして、ネット上に個人情報を晒される……などのトラブルも続出しました。そこで運営側もトラブルを避けるために、独身証明書を提出させるなどの対策をとっています。

既婚者は、真面目な〝恋人探し〟ができるサイトからは追い出されてしまったというわけです。

もちろん、既婚者でも出会いを探せるアプリやサイトは昔からあります。ですが、そこにいる女性の多くが金銭目的。つまり、恋愛関係を継続していきたいと考えている人は少数派なのです。

そこで誕生したのが既婚者向け（既婚者限定）、または既婚者が参加できるマッチングアプリ（以下、既婚者マッチングアプリ）で、代表的なものに「既婚者クラブ」があります。既婚者マッチングアプリには、独身者向けのものと違う独特のルールや注意点があります。

まず根本的に注意しなくてはならないのが、既婚者マッチングアプリ、イコール不倫系アプリではないということです。既婚者マッチングアプリのほとんどが、基本スタンスとして不倫を推奨しておらず、不倫を助長すること自体をNGとしています。

既婚者同士の出会いの場を作っておきながら、不倫は推奨していない⁉と、確かに混乱を呼ぶスタンスです。

これは、最終的に体の関係を持つことができないといっているわけではありません。あくまでも交際に至るための基本スタンスの話です。

想像してみてください。もし職場や習い事、またはこどもの学校のPTA活動といった場所で、家庭もあり子供もある人間が、ギラギラと出会いを求めていたらどうでしょうか？　ドン引きされてハブられるのは必須ではないでしょうか。ネット上でも同じこと。既婚者には、〝建前〟が求められるのです。もちろん、運営サイドが不倫を助長していると批判を受けないためというのもあります。

つまり、既婚者マッチングアプリでは不倫相手を探すことだけが目的なのではなく、配偶者との関係における悩みを相談したり、既婚者ならではの孤独感を分かちあったりと、既婚者同士でなければわからない問題についての話し相手を探している場合も多いのです。とはいえ、相談に乗っているうちに信頼感が生まれて、その先の関係に発展するというのも王道のひとつではあります。

つまり、既婚者マッチングアプリは、「既婚者同士が出会ってコミュニケーションをとる」もので、その先に、もしかしたら交際が待っているかもしれないけれど、運営側は関知しませんというスタンスなのです。

COLUMN

既婚者専用アプリで第二の人生のパートナー探し

現在、62歳になるTさんは、定年まで勤め上げた会社を引退後、再雇用という形で今もフルタイムで勤務しています。働いているとはいえ、現役バリバリの頃と違い、定時で終わり、土日もしっかり休めるため、プライベートも充実させたいと考えていました。

また、妻とも家庭内別居のような形が長く続いており、せっかくなら定年後の生活は、新しいパートナーと趣味を楽しみたいと考えていました。

「同世代の友人も多くは、妻とは長年セックスレスであるとか、子ども以外の話をしたことが何年もないという状態。フィリピンパブや風俗で遊んで恋愛気分を楽しむ人もいますが、私の場合は、継続的にお付き合いしてけるような人と出会いたかったんですよね」

ところが、Tさんは、あまりお酒を飲むタイプではないこともあり、出会いのチャンスが近くになかったと話します。

「友人の中には、行きつけのカラオケスナックで知り合った女性とお付き合いしている人もいますが、私はお酒を飲まないので、スナックなどにも足を運ぶ機会が多くなく、そうそううまく出会えることがなかったんですよね。職場でそんな関係になってしまったら問題があるでしょうし……」

Tさんは旅行が趣味で、旅行先の美術館や史跡巡りをすることを好んでいることもあり、セカンドライフではそんな楽しみを新しいパートナーと共有できたらと願っていました。

「趣味の場なら出会えるのかもしれない。そう考えたこともあります。今、大学のオープンカレッジで美術史などを学んでいるのですが、現実的には難しいですよね。まず、相手が出会いを求めているかどうかもわからず、結婚しているかどうかもよくわからない。そんな状態だと、なかなか話しかけられません。セクハラと捉えられてしまったら、それこそ問題ですし。せっかく見つけた楽しく学べる場を、失ってしまうのもイヤだなあと思うと、ここでも手を出せない……」

そんな時に雑誌で見かけたのが、既婚者専用のマッチングアプリサイトの「既婚者クラブ」でした。

「中高年の利用者が多そうだということで試しに登録してみました。住んでいるところがそれほど遠くなく、良さそうだなという6人の女性にメッセージを送りました。返信があったのは4人です。そのうち2人とはすぐに連絡が途絶えました。残りの2人と何度かやりとりをして、お茶でもしましょうということになりました」

残念ながら、1人とは一度のお茶をしただけ、もう1人ともお茶の後に食事をしただけで、お付き合いには至らなかったそうですが、Tさんはそれでも満足だと言います。

「これまで、出会い系サイトは使ったことがなかったのですが、使ってみて、そんなに怖くないとわかったことが大きかったですね。そして、実際に、出会いを求めている女性もいることがわかった。これだけで大収穫ですよ」

すぐに出会って、交際相手が見つけられるというわけにはいかないようですが、出会いを探す楽しみが日常に加わっただけでもTさんとしては満足であるようです。

これから、ますます長寿社会になるに従って、第二の人生は新しいパートナーと送りたいと考える人が出てくるのではないでしょうか。

まさに昼顔⁉　平日ランチに盛り上がる既婚者合コン

2015年あたりから徐々に流行りだしたものに「既婚者合コン」があります。コロナ禍で開催が控えられていましたが、落ち着き始めてからは、全国の都市部で開催されています。

合コンといえば以前は独身者がするものというイメージであり、既婚者が合コンに参加するときは、こっそりと結婚指輪を外して……なんていうのが定番です。このような合コンで既婚者と独身女性が出会ってしまうと、「結婚していると知っていたら、付き合わなかった」「奥さんにバラしてやる！」なんていうトラブルが生じることもなきにしもあらず。

その点、既婚者合コンは基本的に既婚者が参加するもの。〝大人の合コン〟〝大人向け飲み会〟など、既婚者であることは匂わせる程度にしている会もありますが、こういった合コンも参加者の8～9割が既婚者。独身者である場合は、バツイチなど過去に結婚歴がある場合が多いです。

そのため、最初から、相手も既婚者だとわかっているし、自分が既婚者であるということも明らかになっているので、秘密の出会いと交際を楽しむことができるのです。

さて、このような会は一体、どこで開催され、どのようにすれば参加できるのでしょうか。

「キコンパ」など主催者のホームページや、「e-venz」のようなイベント情報サイトで開催情報をチェックし、参加の申し込みを行うのが一般的です。一度、参加や申し込みをすると、公式LINEなどで情報が送られてくるようになる会もあります。

参加者は、開催30代半ば～アラフィフ程度がボリュームゾーンで、会によって、30～

40代多め、アラフィフ多めなど特徴があります。また、開催場所も、レストランだけでなく、ディスコなど、その年代が盛り上がる仕掛けが用意されているのも面白いもの。

また、一般の合コンでは運営や参加者が、当日の様子をSNSなどにアップする場合なども少なくありません。しかし、既婚者としては、そこから身バレしたり、配偶者に見つかったりする危険性があり神経質になる部分です。そのため、既婚者合コンでは、基本的に個人が特定されるような写真の公開はしないルールになっています。既婚者合コンの主催サイトでは、合コンの様子は、すべてボカシがかかっているなど、参加者の容姿が一切わからないようになっているのでチェックしてみると良いでしょう。

マッチングアプリなどのネットでの出会いに比べての既婚者合コンの強みは、直接本人と会えることにあります。

今ある大手のサイトやアプリでは、ネカマやサクラなどのなりすましはほぼいませんが、小規模のサイトやアプリではいまだに不正があるのも事実です。また、アプリ上でやりとりが多く残っていると、それがまた〝身バレ〟につながるリスクになります。そういったリスクがないのも既婚者合コンの強みでしょう。

また、百聞は一見にしかずというように、相手がどのような人間で、何を求めているのか、わかりやすいという点も長所です。

参加者の目的も、「友達作りをしたい」「人間関係を広げたい」「同世代で飲みに行ったりできるような仲間を探したい」といった軽い関係から、婚外恋愛の相手を探しているなど様々です。

中には、大人の割り切った関係を探しに来る者も、男女問わず一定数います。お互い既婚者だとわかっているからこそ、話が早いのです。

もし気の合う相手が見つからなかったとしても、おしゃれをしてドキドキしながら出かけて、ワイワイと美味しいものを食べて、お酒を飲んで、話して……と、人付き合いが好きなタイプであれば、気軽に楽しめるのも既婚者合コンの魅力かもしれません。

いまや全国各地で開催されている既婚者合コンですが、その分玉石混淆の状態です。いい出会いにつながる既婚者合コンを絞り込むためには、運営する業者のサイトで会員数や開催率といった規模を調べて、できる限り大きく充実したものを選ぶと良いでしょう。また飲食店などと同じく、レビューサイトで口コミや評判を確認することも大切です。

参加するに及んでよく気になるとされるのが、1人で参加してもおかしくないか?中年は不利ではないか？などというものがあります。既婚者合コンの参加者は単独率が高いので、1人で参加しても浮いてしまうなどということはありません。逆に1人のほうが秘密保持の面で信頼されたり、本気度が高いと見られることで、カップリング率が高まるという側面もあります。

COLUMN

既婚者合コンに潜入してみた

既婚者向けの合コンやパーティは、日本全国の都市部で行われていますが、一体、どんな会で、どんな人が参加しているのでしょうか。

既婚者合コンによく足を運んでおり、実際に自分でも合コンを開催しているAさん（51歳・会社員・男性）に話を聞きました。

Aさんは既婚者合コンに参加するうちに、自らも主催したいと考えるようになったそうです。会社でも先が見えてきて、これ以上の出世はなかなか見込めない。子育てももうすぐひと段落つく。そんな時に、脱サラを考え始め、好きで参加している既婚者合コンを副業で主催してみようと考えついたのだといいます。

「ミドルエイジクライシスというのでしょうか。会社人生もそろそろ終わりが見えてきた、子育ても教育費の目処がつき、手のかかる年齢ではなくなった。妻との関係は悪いというわけではないけれど、本当にこの人のことを愛してるのかと聞かれると、よくわからない……みたいな。もう10年以上セックスレスだし、時々浮気をして、性欲や男としての存在をなんとかしてきた状態でしたしね。あと、東日本大震災も大きかったですね。日常が一変した後、『自分の人生、これでいいのかな？』と考え込んでしまって。何かむなしく感じるようになっちゃったんです」

そんな時に友人から誘われたのが中高年向けのディスコイベントだったそうです。

「最初に誘われて、こんなのがあるんだなと思いました。そこで出会いがあったというわけではないのですが、もともと女性は好きですしね。単純に、同世代と昔流行った音楽で踊って楽しかったんです。その後、インターネットで色々検索したら、既婚者合コンやパーティって、いろんなところでやってることがわかりました。『中高年　合コン』『中高年　出会い』などのキーワードで検索したら出てきますよ」

イベント内容は、「個室で食事をしながら少人数」「再婚もＯＫ」「ノンスモーカー限定」「安定した職業に就いている男性限定」「気遣いのできる女性」など様々なテーマが掲げられています。場所も、定番のホテルのパーティルームやレストランの個室のほか、街歩き、ディスコパーティ、バスツアー、クルーズパーティまであります。

その中から自分に合いそうなものを選んでは参加したそうです。

「主催者の仕切りが上手だと、連絡先交換やマッチングが非常にスムーズです。また、参加メンバーによって、会の空気やノリが大きく異なるのも面白いですね」

コラムに登場したAさんですが、落ち着いたオシャレなレストランでの合コンが好きだといいます。そのため、Aさんの開催する合コンは、銀座のイタリアン、赤坂の和食料理屋など、グルメとお酒を楽しみながら出会える合コンが多くなっています。

Aさんが主催するパーティに潜入することにしました。

潜入①「少人数制・合コンスタイルの個室パーティ」

開催場所は高級感の漂う大人の街。そこのお洒落なレストランの個室で開催されていました。参加者は男性8人、女性8人、参加費は男性6000円、女性2000円。

参加者はややフォーマルなファッションで決めています。男性ならスーツ、またはジャケットにパンツスタイル。ポケットにチーフを刺すなど、華やかな雰囲気を醸し出しています。女性はワンピース姿が目立ちます。髪の毛はキレイに巻かれ、アクセサリーをつけています。結婚式の二次会のようなファッションといえばわかりやすいでしょうか。

参加者は入り口で渡されたネームプレートにニックネームを書き込み、首から下げています。例えば、「なべ」とか「エリ」とかです。そのため、参加者は、すんなり「エリさん」「なべちゃん」とニックネームで親近感のある呼び方をできるようになっています。

定刻から少し過ぎた頃、司会者の挨拶がありました。

「みなさん、お揃いになりましたので、スタートさせていただきたいと思います」

会の説明があった後に乾杯があり、そのまま後はフリータイムとなりました。当然、席の近い人と話すことになります。しかし、その席の近い人が好みでない場合、なかなかしんどいものがあります。とはいえ、あからさまにつまらない表情をするのも大人気がないというもの。誰もが、ニコニコとしながら談笑しています。ですが、それはあくまでも表面的なもの。よく見ていると、「あの人があの人を狙っていそうだ」という雰囲気がわかります。

しばらく談笑の時間があったのち、席交換の声かけがあります。そのタイミングで、主催者から〝みなさんで連絡先交換をしてくださいね〟とアナウンスが入ります。ストレートには、なかなか聞きづらいものなので、その声かけはありがたいものでしょう。

席をシャッフルするうちに、次第にお酒も回ってきて、会話もどんどん盛り上がっていきます。席のシャッフルが一周したあとは、フリートークなので、席をどんどん動いていく人もいました。つまり、好みの異性のところに近寄りやすい雰囲気になっていくのです。とはいえ、自分から積極的にタイプの人に話しかけていかないと出会いを次につなげられないのも事実。シャイな人には少しツライかもしれません。

そんなこんなで2時間の会は終了しました。見ていると、LINEを交換しているのは男性と女性の組み合わせだけではありません。女性同士、男性同士でも交換しているのです。異性との出会いだけでなく、友達も作れる側面が、こういった少人数制合コン形式のパーティにはあるようです。

潜入②「大人数のお見合いパーティスタイルのナイトイベント」

こちらはとあるバーで行われたナイトイベント。仕事帰りの人が多いためでしょう。オフィスファッションの人が大半です。参加人数は男女合わせて40名ちょっと。当日キャンセルも数名あった様子でした。参加費は男性４５００円、女性１０００円。女性は金額的にも気軽です。

流れとしては、１対１で話す時間が数分あり、それをどんどん繰り返していくお見合いパーティスタイル。なかなか慌ただしく、最初は何を言えばいいのか、何を聞けばいいのかあたふたしているうちに、あっという間に時間が過ぎていってしまう様子です。そして、全員と話し終わるころには、最初の頃に話した人なんて、何を話したか、どんな人だったかも覚えていない。そんな人が多いように見受けられました。

　このまま会は終了してしまうのだろうかと思っていたら、フリータイムがやってきて、後はご自由にとのこと。しかし、当然、どうすればいいのだろうかとマゴマゴしている人が多いようです。すると、主催者がうまく立ち回って、「こちらの方が話したがっています」とか「こちらの方を紹介しますね」などと橋渡しをしていました。

　そこで気づいたことがあります。最初の全員と話す時間は、好みの人だけ覚えておけばいいのだと。前半に、「この人にアプローチしよう」と覚えておいて、後半に積極的に近づくという仕組みなのです。うまくできています。

　これが史跡巡り好きとかカラオケ好きなど、趣味でテーマが掲げられているパーティなら、より出会いの質が上がりそうです。中高年合コンでは、バスツアーや街歩きコンパも人気だと聞きましたが、その理由がよくわかった瞬間でした。

新しい関係性「セカンドパートナー」とは？

現代の既婚者同士の交際には、かつてはなかった関係性が生まれています。それは、「セカンドパートナー」です。

セカンドパートナーと聞いてピンとこない方もいるかもしれません。セカンドパートナーとは、簡単に言えば配偶者以外の二番目のパートナーのこと。

不倫と何が違うかと言えば、必ずしも肉体関係があるとは限らないという点です。一般的に肉体関係のない不倫など考えられませんが、セカンドパートナーはプラトニックな関係が前提なのです。必ずしも肉体関係がないとは言い切れませんが、精神的なつながりを重視している関係となります。

実際はどうなのでしょうか。「セカンドパートナーとの体の関係はありだと思いますか？」（図F参照）との、アンケート結果は、男性が「はい」70名「いいえ」19名と、約8割が「あり」だと答えたのに対して、女性は「はい」13名「いいえ」17名、と「なし」のほうがやや優勢でした。キスはありかとの質問に対する答えも、男性は同等の割合だったのに対し、女性はほぼ半々。

図F　セカンドパートナーとの体の関係はありだと思うか

出典：e-venz調べ（セカンドパートナーがいる119人の回答）

セカンドパートナーに対する捉え方については、男女に差があるのが実際のようです。男性は性欲や刺激、好奇心の満足なども求めているのに対して、女性は安らぎや愛情といったプラトニックなものを求めているのでしょう。

男性側にとっては、セカンドパートナーも不倫もあまり変わりがないというのが実情なのですがが、不倫だと思えば躊躇してしまう女性もセカンドパートナーだと思えば、一歩踏み出せるという場合があるのかもしれません。

セカンドパートナー自体、必ずしもどちらも既婚者である必要はないように感じますが、しかし、現在のところ、既婚者同士限定というのが一般的です。

不倫に比べてセカンドパートナーは継続性や安定を求める要素が強く、既婚者×独身者の関係によって生じやすいバランスの悪さが敬遠されるからでしょう。お互い守るべき家庭があるからこそ、秘密を守ることもできて、穏やかな関係を続けやすいのかもしれません。

どこからが「不倫」になる!? 現代の不倫考察

友達、相談相手、セカンドパートナーなど様々な「結婚の外で培う男女関係」があります。が、男女の関係はある一定ラインから体の関係が生じてきます。

既婚者の場合、これは当然、不倫ということになるでしょう。しかし、どこからが不倫で、どこまでが不倫ではないというのは、その線引きが難しいところ。法的には、「不貞」の定義として、「配偶者と不倫相手との間に性交渉がある場合」。そして、その不倫関係が「継続していること」とされています。

つまり、援助交際や風俗のように一度きりの相手と性交渉を持ったとしても、不貞行為には当たらないということ。とはいえ、これは、あくまでも法的なボーダーライン。人の気持ちはこの線引きによって割り切れるものではありません。

プラトニックな関係であっても愛情があれば不倫だと思う人もいれば、体の関係だけであれば不倫だとは思わないと考える人もいるでしょう。

私自身は、決して不倫を推奨するわけではありませんが、不倫をしたいという男女の気持ちという部分は、仕事上からも気になるところです。ここは、男性と女性で、不倫に至る心理にはやや違いがあるのではないかと考えています。

特に現代の既婚者男性が不倫する心理の底には、年齢とともに落ちていく男性としてのポテンシャルへの不安が潜んでいます。簡単に言えば、男としての自信が揺らいでいくということです。

日本は長期にわたって経済的に成長がないという時代がありました。それと同時並行して、高齢化社会となっていきました。

ひと昔前なら、誰もが年功序列である程度の地位に就くことができました。普通にやっていれば、ポジション的にも収入的にも、自他共に満足できる形で社会人生活を終えることができたのですが、その前提がなくなったことで、「自分は一体なんのために生きているのだろう」という思春期に抱きがちな悩みを、中高年になって改めて抱くようになってしまう時代が来たのです。

しかも、それに気づいてからの人生が長いときています。社会的地位に疑問を抱きつつ、定年を過ぎてからも生活のためにマックジョブをしなければならない。子どもも成長し、父親としての存在を示すこともできなくなった――。

そんな時に、ふともたげる「自分はなんのために存在しているのか?」という根源的な疑問。それを解決するために、「俺もまだまだやれるんだ」と自信とプライドを保つために不倫に走る男性は少なくありません。

そして、男の自信を裏付けするのは、単純なものでやはりセックスなのです。精神的な安らぎやプラトニックラブでは、男性的な自信を取り戻すことはどうしても難しい――それが男のサガなのではないでしょうか。

既婚者男性が不倫を求めているときによく口にする「妻とはうまくいっていない」「妻とは男女の関係でない」というセリフの裏には、「結婚生活で損なわれてしまった男のプライドをセックスで取り戻したい」というメッセージが込められていると考えています。既婚者男性において「出会い」=「セックス」=「不倫」となりがちなのは、性的な刺激を求める以上に、このような精神的な部分が大きいのです。

では、女性はどうでしょうか。

既婚者女性が不倫をするハードルは、一般的に男性より高いもの。しかし、そのハードルは年々下がってきているとも言えるでしょう。それは、精神的な理由というよりは環境的な側面が多いようです。女性も働いているため、自由になるお金や時間を手にすることができるようになったこと、スマホという個人同士がつながれる道具があること、主にはこの2つです。

次に精神的な面において既婚者女性がそのハードルを乗り越えてしまうポイント、乗り越えてしまいやすいタイプについてみてみましょう。

既婚者女性が不倫をする理由には一定のパターンがあります。

「心身ともに満たされておらず、特に出産を契機に女性として認められなくなった」という理由には、基本的に「愛されたい」「承認されたい」という精神的な飢えが根本にあります。

つまり、夫から「女性として愛されている」「妻として大事にされている」という実感を感じられないときに、ふと魔がさす――これが多いケースなのです。

心身が満たされていない状態の女性は、男性から褒められたり、チヤホヤとされたりしたときにテンションが上がりやすいのが特徴です。また、SNSやブログを熱心に更新しているのもパターンのひとつ。

中高年になっているにもかかわらず「女子会」などと題して、女性たちが着飾って集まり、インスタ映えするお店で食事会を開き、SNSにアップするようなタイプは承認欲求が高いと言えるでしょう。

中には、占いに凝っていたり、スピリチュアルに傾倒している場合もあります。

そのような女性が一般的に不倫に足を踏み入れてしまうとき、どんなアクションが男性からあるのでしょうか。

単純な話ですが、「褒められる」ということが多いようです。もし、身近に承認欲求が高そうな女性がいたら、褒めてみてリアクションを確認してみるといいかもしれません。女として扱われて喜ぶという面が現れたら、いわば落ちやすいタイプであると言えるでしょう。

また、お酒を勧められて断れずにどんどんと飲んでしまう女性も不倫に陥りやすいもの。押しに弱く流されやすい性格であり、さらには酔うことで不倫関係が生まれやすい状況を自ら作り出しているという面もあります。潜在的な不倫願望の強いタイプです。

2人で飲んでいる時などに、話題が「夫とのセックスレス」「夫を生理的に受け付けない」「夫から束縛されている」「夫に浮気に浮気された」など家庭の愚痴に及ぶような場合はそうしたタイプが多いように思います。

逆に、夫の愚痴を言っていたとしても、子供の話を多くする女性は、深層心理で不倫にストップをかけている状態。どこかで理性が働いているのでしょう。

男女ともに不倫に足を踏み入れてしまうケースを様々に見てきましたが、いずれも精神的な面に理由があります。心の隙間があると、そこに不倫は忍び込んでくるのです。ですが、心に隙間のない人間など果たしているのでしょうか。誰もが傷ついたり、渇望のある時代。大きな社会的制裁を受けやすい立場にあるなど、よほど自制が働く環境でない限り、誰もが不倫に足を踏み入れてしまう可能性はあるのではないでしょうか。

「卒婚」ってどんなもの？　離婚とどう違う？

ここまでは、既婚者男女が配偶者に秘密で求める出会いを見てきましたが、現代では、離婚をしないままで夫婦関係をリセットする「卒婚」も注目を集めています。卒婚とは、一言で言えば、法律上婚姻関係にありながら、お互いに一切束縛をしないスタイルです。仮面夫婦のポジティブ版と捉えると理解しやすいかもしれません。

生活形式としては、普通の夫婦が別居スタイルや週末婚スタイルを持つように、卒婚夫婦も必ずしも同居をしている必要はありません。

当然、だったら離婚してしまったほうがよいのでは？なぜ婚姻関係を続ける意味があるの？という疑問も出てくるでしょう。

離婚に対して卒婚が持つ最も大きなメリットは、一つは普通の夫婦に戻りやすいという点であり、もう一つは離婚に至る場合も不毛な対立を避けられる点です。また、年齢を重ねてくると、仕事上の付き合いや、親族との関係など社会生活も積み重ねがあり、簡単に離婚するわけにいかないというケースもあるでしょう。

結婚生活と離婚の中間地点を作ることによって、結婚生活を続けるトラブル、離婚をするトラブル、そのどちらも緩和できるというわけです。

卒婚に対するアンケート結果では、「卒婚をしたいと思いますか？」という質問には、男女合わせて「はい」が37％、「いいえ」が63％となっています（図G参照）。

卒婚自体が、ある程度の年齢になってからするもののため、その存在に現実感があるのでしょう。年代別に見ていくと年齢が上がるごとに、「はい」の数値が上がっていきます。

特に40代から50代になる時に、一気に男性の「はい」という回答が増え、それまで女

図G　年代別の「卒婚をしたい」と答えた人の割合

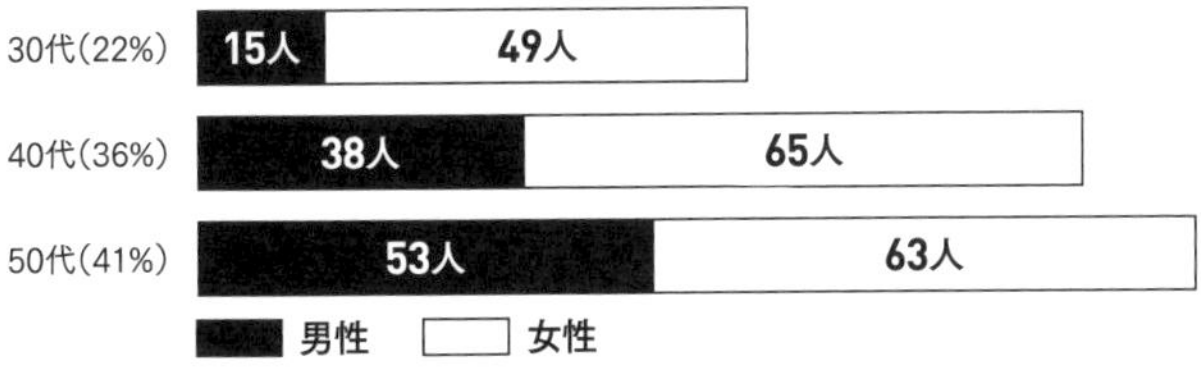

年代	男性	女性
30代（22%）	15人	49人
40代（36%）	38人	65人
50代（41%）	53人	63人

出典：e-venz調べ（「卒婚したい」と回答した283人の内訳）

性のほうが多いのに、50代では1：1に近づいていくのが特徴です。

これは定年を見据えた時に、男性の気持ちが大きく変わることを表しているのでしょう。

ただし、この卒婚を〝不倫の手段〟としてみるのはお勧めしません。卒婚を配偶者以外の異性との出会いといった側面から見た場合、必ずしも相性がよいとは言い切れないからです。

夫婦間でどう取り決めをしようとも、法律上は婚姻関係があります。つまり、不倫関係を配偶者から責められて慰謝料を求められた際には「卒婚しているから大丈夫だと思った」は通用しないのです。

卒婚となれば、いつしか外の異性に目が向くのは自然の成り行き。そのときになって揉めないように、婚外恋愛の自由に関しては、口約束ではなく書面上で残しておくのが良いでしょう。

増えつつある再婚という生き方

離婚や死別などでシングルとなった元既婚者の「第二の人生の出会い」についても見ていきましょう。

過去に結婚をしていた30歳以上の男女へのアンケート結果では、男性の52％、女性の41％が再婚を希望しているという結果があります（図H参照）。

年齢別に見ると、男性が年齢を問わず再婚を希望するのに対して、女性は50歳を過ぎると一気に再婚を希望する率が低くなる傾向があります（図H参照）。

これは、女性がもう「夫の世話はこの人生ではしたくない」「誰かのために朝から晩まで家事はこりごり」と妻や主婦という座から降りたいという気持ちが多いからでしょう。口うるさいだけで何もしない夫の世話をするよりも、1人でのんびり暮らしたい……という本音が透けて見えます。

共働きが一般的になり、家事育児を夫婦がともに行うようになってきた今の夫婦が50

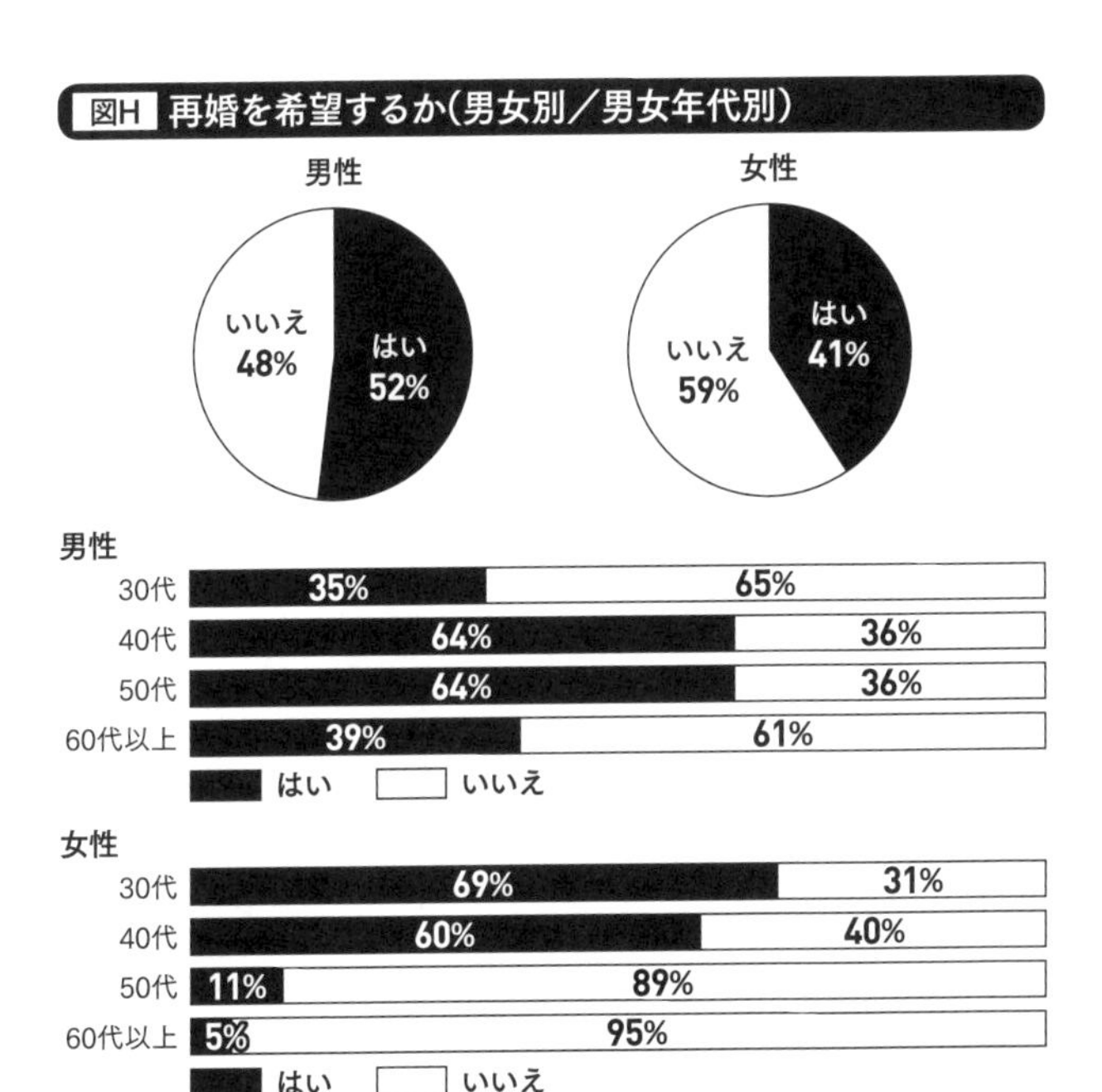

図H　再婚を希望するか（男女別／男女年代別）

出典：e-venz調べ（離婚歴のある未婚男女244人へのアンケート）

代になる頃には、この数値は変わってくるのかもしれません。

　では、再婚に向けての出会いがほしいと思ったとき、どのような場で探すのがベストなのでしょうか。そこについては年齢によって変わってきます。

　年齢的には40～45歳がひとつめの境目になります。

　30代までのバツイチは、マイナス評価となる可能性もあります。なぜ結婚生活が終わったのかという理由が、再婚に大きく影響するからです。というのも、再婚後も子どもを産み育てるという選択肢が大きくあるからです。

もちろんバツイチということを隠して出会いを求めることもできますが、後にトラブルの元になる可能性が高いもの。もちろん元配偶者との間に子どもがいたら、バツイチであることを隠すことはできません。

また、当然ですが、有責配偶者は再婚に対して大きなマイナス評価となります。浮気、不倫、DV、モラハラ、両親との関係……様々な理由があるでしょう。逆に、相手が悪くて別れた場合であっても、やはり〝離婚の原因〟は双方にあるとみられるため、全くマイナスがないとは言えません。

そのため、30代までのバツイチで子どもがいる場合は、バツイチ限定婚活パーティなど、バツイチを前提とした出会いの場を求めたほうが出会いの成功率はグッと高くなります。

子どもがいない場合は、通常の婚活でも問題ありませんが、出会って早いタイミングで離婚歴があることを告げる必要が出てきます。

40代以降は、実は状況が180度変わります。40代以降の出会いの場では、未婚者に対して「何か問題があってこの歳まで結婚できなかったのでは？」という疑惑が生まれてしまうからです。婚姻歴があるほうが、安心感があるという逆転現象が生じるため、40代以降は一般の婚活パーティを堂々と利用してもそれほど不利にはなりません。

ただし、未婚の子どもがいる場合は話が変わります。教育費がどれだけ準備できているか、再婚の相手に生活費をたかるつもりではないか、そんなところを見られます。

また、結婚相談所の中には、婚姻歴に理解がある相手限定のデータマッチングシステムやシングルマザー限定プランといったバツイチ優遇コースがあるところもあります。バツイチ男女が能率的に出会いを求めたい場合にはとても便利です。

婚活パーティでもステップファミリー希望者同士が出会えるイベントなどもあり、再婚への道は大きく開かれているのが現状でしょう。

なるべく多くの対象者から自分の求めるポイントに合った相手を探したいという場合は、バツイチ向け婚活アプリというものもあります。時間が限定されずに婚活ができるので、仕事が忙しくてもじっくりと相手を探すことができます。結婚相談所より費用が安いので、離婚後で経済的に厳しく、婚活にあまりお金をかけたくない場合などにも重宝です。

離婚をしても、次の結婚を諦めない、また新しい幸せを見つけにいく。それが今のスタイルであるといえるでしょう。

これまでの結婚の形は、夫が稼ぎ、妻は家事育児を一気に引き受けるという分業スタイルが多くありました。しかし、今や共稼ぎ家庭が増加しています。夫もまた家事育児を引き受けていくため、離婚した後に夫が子どもを引き取るというケースも増えていくでしょう。

現在は、離婚の後、実際に再婚をするのは男性のほうが多くなっています。ただし、離婚後の生活も変わっていくことが予想される現在では、離婚から再婚への道を選ぶ女性も増えていくのではないでしょうか。

ますます変わっていくに違いない中高年の男女関係

かつて昭和の時代には、人生というのは20代で結婚して子供を持ち、どちらかが死ぬまで添い遂げるというのが共通のイメージでした。その頃は、寿命も今よりずっと短いという面もありました。そのため、結婚生活がうまくいかなくても、「あとちょっとがマンすればいい」となかなか結婚外で関係を作ることに目を向けにくい時代だったといえるでしょう。

現代、既婚者の出会いの意識は根底から変わってきています。そして仕事場やプライベートの生活空間の切り離された場所で、既婚者男女が出会うこともできるようになりました。結婚後の人生を楽しめるかどうかは、新たな時代の「出会い」についてどれほど情報を持ち、どれほど柔軟さを持って対応できるかによって大きく変わるのです。

かつて「結婚は墓場である」という言葉がありましたが、現代において結婚が墓場になるかどうかは、「出会い」に対する情弱度によると言っても過言ではありません。

外に目を向けず、鬱屈した結婚生活を続けることは、自分のみならず配偶者や家族にとっても墓場です。現代は、結婚生活を充実させていくためにも、「出会い力」のスキルアップが必須とされる時代だともいえるのかもしれません。

第5章

仮想空間での出会いと
コロナ後の男女関係

これからの時代「メタ恋」は外せないキーワードになる

つい最近、ある出会い系イベント会社が主催しているメタバースのイベントに参加しました。男女16名のアバターがメタバース空間に作られたアイランドに集い、挨拶から始まり、洞窟で探検しながら交流したり、カフェに行ってお茶しながら会話を楽しんだりというのが主な内容です。

このイベントは無料だったため、おそらく興味半分で参加している人や、私のようなビジネスとして偵察するような人が参加者のほとんどであったのではないかと考えられます。本気で出会いを求めている人ばかりではないという理由もあって、イベント自体は期待したよりも面白くなかったというのが正直な感想でした。特に、途中で飽きが来てしまうこと、あとはメタバース空間での動きで酔ってしまうことがネックだと感じました。

また、司会者の進行によって、そのイベントが楽しめるかどうかが決まることもあり、メタバース上でのイベントが今後盛り上がって定着していくには、やや時間がかかるのではないかと感じました。

とはいえ、アバターとして参加するため、新しい洋服を買い揃えておしゃれをする必要がない、自宅からログインできるためわざわざ出かけなくて済むという気軽さに加え、ゲーム感覚の面白さもありました。

一緒にゲームをしながら気軽に出会えるという点においては、今後、事業者が内容を工夫していくに従って、ユーザービリティは上がっていくだろうと感じています。

自分が参加してみて感じたことでは、リアルで対面している時よりも、話しすいというメリットがあったことです。異性と話すのが苦手という方にとっては、出会いの場として選んでいきたいツールになっていくことは間違いありません。

加えて、どの事業者もメタバースに対し可能性を見出していることからもわかるように、出会いの場にメタバースが加わっていくことは間違いないでしょう。

WEB3の技術が介入することで、個人情報は最後まで守りながらも、安全に、そして自分が求める出会いを得られるようになっていくのだと感じています。

さて、10代後半〜20代のデジタルネイティブ世代と話していると、出会いに関する考え方やツールの使い方が、それ以前に生まれた人たちとは大きく異なることに気づきます。特に現在40〜50代の私と同世代の人たちでは、「リアルで会わないとだめ」という意識が強くあります。SNSで知り合ってやりとりしていても、その時点で恋愛関係に発展したり、結婚を意識するということはかなり稀なのではないでしょうか。

しかし、デジタルネイティブ世代では、SNSで気になる異性をフォローして、フォローバックがあったら「存在が認められた」という感覚。メッセージのやりとりが始まれば、「お友達から恋人への昇格もあるかも？」と変化していき、LINEでつながることができたら、「交際」まであと一歩という感覚。つまり、すでにマッチングアプリはいらない世代なのです。

私たちの世代であれば、街やクラブ、イベント会場、海辺などでかわいい子を見かけたらナンパをして、携帯電話番号（少し上の世代だとポケベルだったかもしれません）を交換して異性と仲良くなりました。それが、デジタルネイティブ世代では、「SNSでのフォロー&フォローバックとメッセージのやりとり」なのです。

同じように、WEB検索の感覚も異なります。私たちの世代では、グーグルを使って「合コン　居酒屋」「デート　着る服」「モテる　服」様々なキーワードから検索し、WEBサイトの中から情報をピックアップしています。

しかし、デジタルネイティブ世代はまずはSNSです。写真やショート動画の中から、使えそうなお店や服などを選び、そこからショップサイトに飛ぶという感覚。つまり、SNSの情報はWEBよりも身近で信頼できると考えているわけです。

異性の外見に対しても私たちの世代とは異なる感覚を持っています。例えば、アプリで可愛く加工された女性たちが、インスタグラムやTikTokには溢れています。

これを見たとき、どのように感じるでしょうか？

私の場合は、つい、「映える写真や動画で惹きつけているけれど実際はどうなの？」と穿った見方をしてしまいがちです。ですが、デジタルネイティブ世代は、盛っているのが当たり前。

昭和〜平成ではメイクやおしゃれをしてイベントに出かけて出会いを楽しんでいましたが、SNSが主戦場となった令和では自撮りアプリで可愛く見せたり、格好良く見せたりするのが当たり前という感覚なのです。

SNSでは映えさせておいて、そこでの出会いや関係を楽しみ、リアルで会ったならば、そこからがリアルでの勝負。また出会い直したという感覚で、少し新しい関係を築いていくというのも普通なのです。

リアルと仮想世界でのパラレルライフ

つまり、メタ恋が定着すると、一生懸命アバターを作成し、そのアバターでの出会い、そしてアバター同士の恋愛を楽しむことも、当たり前のようになっていくのでしょう。

ただし、そのアバターは決して「虚像」ではありません。

例えば、コンプレックスを隠し、理想的な外見、理想的な性格のアバターを作成し、そういった理想としている像同士でくっつくような関係も出てくるでしょう。逆に、リアルの世界の自分の特徴を誇張したアバターを作る人も出てくるかもしれませんし、思い切って自身をキャラ化してしまう人も出てくるでしょう。

いずれもリアルの世界では存在しない人間ですが、メタバース上に作り上げたということは、1つのクリエイティブ作品であり、紛れもなくその人の一部であると言えるはずです。

また、そこで交わされる言葉はその人が発したものであり、メタバース空間で購入したものや建てた家などは、その空間には確かに存在しています。

つまり、メタバース上ではより内面に焦点が当てられた関係性が培われ、メタバース

図I　ソーシャルVRで重視される要素

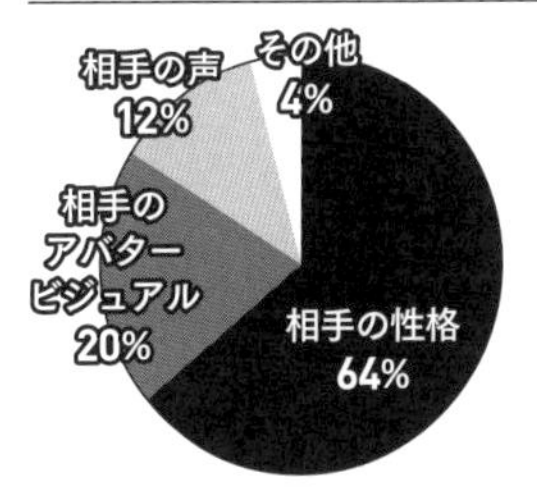

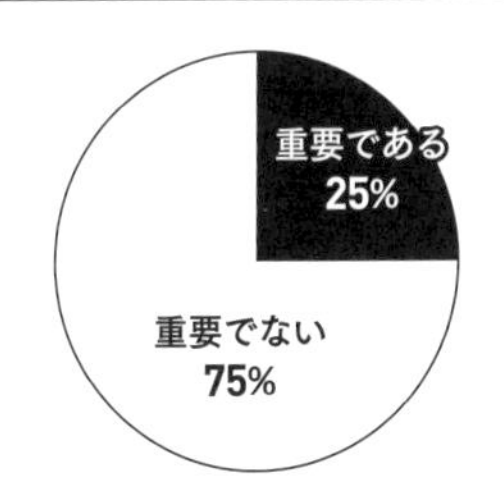

出典:「ソーシャルVR国勢調査2021　Part2『お砂糖レポート』」(全世界のユーザーの回答数1200件)

上で積み上げた資産が評価されるということになります。

その結果、仮装とリアルのパラレルライフが生まれていくというわけです。

このような世界が現れると、現実社会では生きづらさを感じていた人や、男女関係でうまくいかなかった人も、チャンスが巡ってくるかもしれません。実際、VR環境での恋愛と恋人関係についてまとめた「ソーシャルVR国勢調査2021 Part2『お砂糖レポート』」では次のような結果が出ています。(図I参照)。ちなみに〝お砂糖〟とは、VR内での恋人関係をさすネットスラングです。

調査結果では、外見よりも性格を重視する人が64%おり、内面を重視するために本来の性別は重視しないという人が75％もいます。また、仮想空間上でのパートナーはあくまでもそこでのパートナーであり、リアルの世界では異なると答える人が68％です。

つまり、内面でつながり合えるパートナーについては、外見だけでなく性別すら問わないという恋愛や結婚のスタンスがＶＲ空間では多数派であるということです。リアルの世界では「異性愛者」が多数派で、「外見」などの条件をベースにパートナー選びをしますが、それはＶＲ空間では少数派になるというわけです。今まで以上にオンラインで過ごす時間が増えていくに従って、恋愛や結婚といった概念自体が大きく変わっていくのではないかと考えられます。

一方、日本でもアバターを通してマッチングが行われる「ＰＯＰＯ」というマッチングサービスが生まれています。このアプリには「特別タグ」というものがあり、好きなものや興味のあるものを１つだけ登録することができます。トップ画面でタグ検索を行うと、同じ特別タグを設定している人が優先的に表示されるため、同じ趣味や特技を持つ人と出会いやすいサービスです。

世界最大級のマッチングアプリである「Ｔｉｎｄｅｒ（ティンダー）」も仮想通貨やメタバースへの参入について検討していることをすでに明かしています。プレミアムサービスの支払いに使用できる仮想通貨についてはすでにテストを実施していると報道されており、オンラインとオフラインの世界の境界線をどのようにつなげていくかを模索しているとのことです。アメリカでは現在、メタバース出会いアプリの「Nevermet」というサービスも人気を博しているそうです。

すでに、インターネットのハードユーザーには平日の日中は生きるための仕事を淡々とこなし、アフター5と休日には、メタバース上で出会ったパートナーと、メタバース上のイベントに出かけたり、建てた家で過ごしたりする。そのメタバース上のパートナーの本当の性別は知らず、もしかしたら実は同性同士。オンラインで会話するときに、相手はボイスチェンジャーで女性の声で話すため、相手が同性であることはわからない。このような幸せを選択肢として選んでいる人も出てきています。

ＶＲＣｈａｔ（アメリカ発のソーシャルＶＲプラットフォーム）チャット上にパートナーがいるという男性（24歳・フリーランス）は、このように話します。

「ゲームワールドで一緒に遊んでいるうちに仲良くなったフレンドがいるのですが、つい最近、夜の海辺で告白されました。ＶＲ睡眠している時に一緒に寝てくれたりしていたので、すでにお砂糖のような関係ではあったのですが……。デートは、一緒にいろんなワールドを巡ることが多いですね。あのイベントに出かけてみようかなどと話して、遊んでます。あとは、一緒に音楽を流しながらお酒を飲んだりって感じかな。ただ、相手の中身は男性なんですよ。だから、リアルで会うことはないかなと思ってます」

現在、VRChatはプレイ人口の80％が男性ということもあり、どうしても男性同士のカップルになってしまうケースが多いのですが、これも次第に変わっていくでしょう。

インターネットが普及し始めた90年代後半、iモードで出会い系がスタートした当初など、いずれも男性が多く、女性が極端に少ないという現象がありました。しかし、次第にサービスが浸透していくにつれ、女性の割合も増えていきました。今後、VRChatをはじめとしたVR空間でも女性が増えていくでしょう。

第4次産業革命の進展で生まれる新しい生き方、新しいカップル

18世紀後半に起きたのが第1次産業革命です。石炭という燃料が生まれ、軽工業が機械化され、同時に蒸気機関車が生まれたことで輸送が進化しました。

その次に起きたのが19世紀半ば～20世紀初頭の第2次産業革命です。石油燃料が生まれたことで、重工業が機械化され、大量生産が実現しました。同時に、分業というシステムが生まれ、人々の働き方も大きく変わりました。働き方が変わったことで、人間関係にも変化が起きました。身分の差が次第になくなっていき、商人などの庶民が大きな力を持っていくようになりました。「モテ」や「結婚」にも当然影響がありました。第1章で書いたように、「恋愛結婚」が徐々に、身分の差を乗り越えるようになっていった時代です。

そして、1970年代初頭から起きた第3次産業革命では、電子工学や情報技術を用い、単純作業が自動化されていきました。その中で、「結婚」が家庭の経済と強く結びつく「家同士のつながり」といった側面が薄れていきます。その結果、「恋愛結婚」が当たり前になり、「3高」「3優」といった価値観が生まれていったのです。

では、現在、進行している第4次産業革命下ではどうでしょうか。一層のオートメーション化が進み、AIにより知的領域までもが自動化されつつあります。つまり、個人が働かなくても生きていけるという未来がすぐそこにやってきているのです。

出会いのシーンでは、「3共」という価値観がすでに生まれ、今後は新しい「3高」

が生まれていくのではないかという予感があるのが現在です。

実際に、両親が裕福で高学歴の家庭では、さらなる未来を見越して、子どもには「学校に通う必要はない」としているケースも出てきています。例えば、個室からオンラインにアクセスし、ネットの学校に通い、ネット上の友人と会い、そしてネット上で作った恋人と過ごすという状態です。

すると、これまで移動や無駄な勉強に使っていた時間がまるっと空くという状況になります。この時間で一体どんなことをしているのでしょう。

ある人はアバター用の衣装を製作しネット上で販売しています。ある人は、メタバース空間にワールドを立ち上げ、様々なイベントを企画しています。このように、オンライン上で自ら作り出した商品を販売し、それによって収益を立てるということが可能になってきているのです。

他にも、プロゲーマーなどの職種も考えられるでしょうし、米津玄師さんのようにデジタルの技術を使いながら、ネット上で作品を発表していくミュージシャンも考えられるでしょうし、スカルさんやサムさん、まとんさんのようなNFTクリエイター・アーティストも考えられるでしょう。

いずれも、今までのように「普通に学校に通って、国語・算数・理科・社会を学び、一流大学を目指して、良い企業に就職をする」という価値観では選べない職種です。

こういった職種に就いて成功した人がモテに結びつくと「スーパーパワーカップル」などと呼ばれるようになっていくのでしょう。ただし、収入は、円やドルではないかもしれません。ビットコインやイーサリアムといった仮想通貨になるのでしょう。

しかも、そんな「メタ恋」カップルが生まれるのは、もう目前に迫っているのです。

持続可能な「男女関係」とは

メタ恋、メタ婚といった仮想空間上での関係性が新たに登場する一方で、リアルの世界での人間関係もこれまで通りなくなりはしません。

ジャーナリストの白河桃子さんは、著書の『震災婚――震災で生き方を変えた女たちライフスタイル・消費・働き方』（ディスカヴァー）の中で、日本人の結婚観を変えた5つのできごととして、次の事柄をあげています。

2003年「負け犬」ブーム

２００８年　婚活ブーム／リーマンショック
２０１０年　無縁社会
２０１１年　東日本大震災
これから約10年が経過し、私たちは２０２０年から始まった「新型コロナウィルス」により生活を大きく変化させられるということを余儀なくされました。婚活パーティや合コンなどは続々開催が中止となり、お見合いもオンラインを使ったものが登場しました。Ｚｏｏｍを使った飲み会などに参加した方もいるかもしれません。
出会いの場という点においては、コロナ禍でもできることをと様々な代用が生まれ、中には定着したものも出てきました。
特に、ビデオ通話を使ったコミュニケーションについては、今後も重宝されていくでしょう。
では、内面はどうでしょうか。巣篭もりライフが続いたことから、夫婦関係を見直す人が出てきたり、孤独感から結婚を強く意識する人が現れたりしました。
「コロナ離婚」という言葉が一時期、ブームのようになりましたが、別れを考える人たちの中には、在宅勤務が増えたことで「四六時中、同じ空間にいることでとにかくストレスを感じる！」という方もいるでしょう。でも、同じ時間を多く過ごすことにより、改めて価値観の違いに気づいたり、家事育児への非協力的な態度にストレスを感じたりするというように、「関係性の見直し」のきっかけになる人もいました。また「ガマンしようと思っていたけれどモラハラがもう限界！」と前倒しで離婚を検討するようになった人もいました。

これまで一緒にいる時間が短かったからこそ問題が浮きぼりにならず、なんとかやれてきたという場合は、今回のコロナ禍で、その問題と向き合わざるを得ない状況になったかもしれません。

しかし、在宅勤務で時間的にもゆとりができ、同時に通勤に使う体力が温存されたことから、心身ともにゆったりとした生活になったため、逆に夫婦関係が良くなったという人も多くいます。

「コロナという正体不明の敵に立ち向かうため夫婦が協力することが増えた」「一緒にいる時間が増えたため日常的な会話が増えた」「家事育児に夫が関われる時間が増えた」などなど、夫婦関係の向上に結びついているようです。

２０１１年に起こった東日本大震災の後では「人と人との絆を見直した」ということ

で一気に結婚や出産が増えた時期がありました。これを「絆婚」と呼んだりしましたが、コロナ以降ではどのような「婚」が求められていくのでしょうか。

デジタルネイティブ世代では、SNSの使い方や異性の外見に対する受け入れ方が、私たちの世代とは異なるようだということを書きましたが、「かっこいい」「素敵だ」と感じる点においても、変わってきています。

ところでSNSのフォロワーの多い人とはどんな人でしょう?

外見の良さはひとつの理由としてありますが、決してそれだけでは多くのフォロワーはつきません。面白い、興味深い、勉強になる……など中身のあるコンテンツを提供していることが、フォロワーを多くすることにつながっています。

現在、人気のあるSNSのインフルエンサーにはヒカキン、渡辺直美、有吉弘行、きゃりーぱみゅぱみゅ、水原希子などの名前が並びます。

これらの名前を見てみると、クリエイティブな能力がある人、ぶれない姿勢で強いメッセージを送れる人、格好いい思想を持っている人というように、中身によってフォロワーが増えていくといえるでしょう。

多少、過激であったり、ぶっ飛んでいるところがあっても、「なんかすごい」「格好いい」「応援したい」と思える人に、人は「いいね」を押したり、フォローしたりするものなのです。

このフォロワーが「モテる」「モテない」の基準のひとつであるというと飛躍しすぎているように感じるかもしれません。しかし、これからますます私たちの生活にデジタルが入ってくることを考えると、決して突飛なことではないと思うのです。

コロナ以降のメタ婚・メタ恋時代では、より人間の中身が重視されるというのは確実にいえることでしょう。

一方で、人々の健康寿命が伸びている現状もあります。結婚や恋愛に「多様性」が生まれ、生きる時間が長くなっていく。しかも、時代はものすごいスピードで移り変わっていく中では、この形が正解というものはなくなっていくのだと考えます。

20代の時に趣味コンで出会った人と付き合い、結婚し、子どもも生まれたものの、中年になって離婚。日々、多忙ということもあり恋人はメタバース上で作って内面を充実させ、性欲はバーチャルセックスで解消する。子育てがひと段落した40代後半になった時に、今度は中高年向けの出会いイベントでパートナーを探し、事実婚のような状態で関係を築いていく。そして、高齢になってお互いに介護が必要となってからは、再び別々の施設などで暮らし、オンライン上でやり取りをする……そんな人生を選ぶ人も出てくるかもしれません。

恋にとって、結婚にとって、これが正解というものはありませんが、時代とともにその関係は移ろいゆくものであるというのは確かな事実なのです。

あとがき

これまで約20年間、出会いに関わる仕事をしてきました。ベタではありますが、やはり結婚の報告を受けるととても嬉しいものです。私の企画したイベントや提供した情報により、誰かの人生に幸せな変化が起きる……それはまさにこの仕事の醍醐味です。

また、出会いに関わる仕事というものは、関わっている裏方もまた出会いがあるものです。同業他社の方から少し近い業界の方だけでなく、例えば、今回、この本を作るきっかけになったライターさんや編集さんのように全く異なる業界の方と知り合うこともあります。様々な出会いを通して、自分自身も成長してきました。

現在、格差社会だと謳われ、経済もなかなか上向きにはなりません。日本では長く低迷している空気が漂っています。そんな中で少しでも誰かが幸せになるお手伝いができたら、また、私たちが手がけている出会いのビジネスにより経済に役立つことができたら、とても嬉しいことだと思っています。

また、少子化や非婚化も問題視されています。子どもを持つ・持たない、結婚する・しないは個人の自由であり、どちらが正しくてどちらが正しくない、どちらが良くてどちらが悪いというものではありません。

結婚して家庭を持つことが人生にとってベストの選択であるとは思いませんが、もししてみたいと思うのなら、やはり経験してみるといいと思っています。失敗したとしても、経験した上での結論を出すことは説得力があり、周りからの共感も得られると思います。固定観念にとらわれて、経験せずに頭だけで考えていると見えないこともあるのではないでしょうか。

ですから、「結婚したいけれど出会いがない」「恋人が欲しいけれど自分はモテない」などと思い込んで行動せずにいる方は、ぜひ、一歩足を踏み出していただきたいなと思っています。

私の両親世代では出会いといえばお見合いが普通でした。恋愛をするとしても、大学や職場で相手を見つけるケースがほとんどだったでしょう。しかし今では、ネット上でも出会えます。出会いの場が増え、そして選択肢が増えました。行動すれば、行動しただけの結果がついてくる時代になったのです。

行動した結果、良いパートナーと巡り会うことができたら、それは幸せなことだと思いませんか?

人は誰しも1人では生きていけません。恋愛や結婚だけでなく、人とのつながりによって私たちは生かされているのだと思っています。

私たちが手がける出会いの事業もまた、多くの出会いによってこれまで続けてくることができました。

今回本を出せたのも、やはり出会いがあったから。編集担当の江建さん、ライターの中山美里さんに感謝の意を表します。

また、これまで一緒に仕事をしてきた仲間たちにも、改めて感謝をいたします。これからもよろしくお願いいたします。

出会い——人と人とのつながりで、今回この本を手にとってくださった読者の皆様に幸せが訪れますように。そして、日本がより発展しますように。

三輪賢治

三輪 賢治（みわ・けんじ）
ノマドマーケティング株式会社代表取締役。1981年、愛知県生まれ。慶應義塾大学在学中から出会いのイベントを企画、実行する。数々のカップリングを成功させ、出会いの仕事の面白さを実感する。大学卒業後、一般企業に就職。インターネット上での出会いに未来を感じ、独学でホームページの制作・運用を学ぶ。アフター５と休日のサイドワークとして街コン・婚活サイト「e-venz」を2009年に立ち上げる。同サイトが人気となり、2014年に起業。出会いイベントのプラットフォームサイト、オウンドメディアの先駆けとして、新しい出会いの形や情報を提供し続けている。著書に『婚活ビジネスの教科書』『AI婚活』がある。「e-venz」https://e-venz.com

扶桑社新書 446

100歳まで出会える人生

発行日 2022年11月1日　初版第1刷発行

著　　者………三輪賢治
発 行 者………小池英彦
発 行 所………株式会社 扶桑社
〒105-8070
東京都港区芝浦1-1-1 浜松町ビルディング
電話 03-6368-8875（編集）
03-6368-8891（郵便室）
www.fusosha.co.jp

印刷・製本………株式会社 広済堂ネクスト

Printed in Japan　ISBN 978-4-594-09286-3